你也可以玩转
互联网+

赵明辉◎著

互联网+新经济，你将在颠覆中成就全新的自我！

掌握互联网+的创业精髓，
共享互联网+新机遇！

图书在版编目（CIP）数据

你也可以玩转互联网+/赵明辉著. —重庆：重庆出版社，2016.9
ISBN 978-7-229-08423-3

Ⅰ.①你… Ⅱ.①赵… Ⅲ.①网络经济—研究 Ⅳ.① F062.5

中国版本图书馆 CIP 数据核字（2016）第 100539 号

你也可以玩转互联网+
NI YE KEYI WANZHUAN HULIANWANG+
赵明辉 著

选题策划：陈龙海
责任编辑：陶志宏　张　蕊
责任校对：刘小燕
封面设计：国风设计

重庆出版集团
重庆出版社　出版

重庆市南岸区南滨路 162 号 1 幢　邮政编码：400061　http://www.cqph.com
北京华韵大成文化传播有限公司制版
三河市九洲财鑫印刷有限公司印刷
重庆出版集团图书发行有限公司发行
E-MAIL:fxchu@cqph.com　邮购电话:023-61520646
全国新华书店经销

开本:710mm×1000mm　1/16　印张:14.5　字数:180 千
2016 年 9 月第 1 版　2016 年 9 月第 1 次印刷
ISBN 978-7-229-08423-3
定价：35.00 元

如有印装质量问题，请向本集团图书发行公司调换：023-61520678

版权所有　侵权必究

前　言

时代大潮始终奔流不息，在滚滚向前的同时，不断把我们推入新的时代潮流之中，让我们惊喜，也让我们惶恐。如今，我们又被时代大潮裹挟进了浪奔浪涌的互联网+时代。不管你愿不愿意，不管你承不承认，互联网+的大潮来了。环顾四周，从企业互联到个人互联，不管是世界何处的用户，都能通过互联网联络上对方，无论是通过邮件还是其他的平台，这一点只有互联网可以办到，互联网让世界无界限。

而对于企业来说，互联网的价值更加显而易见。正如房产大亨王石曾经在一次企业家峰会上说过的那句意味深长的话："淘汰我们的不是互联网，而是我们不接受互联网。"如今，高速发展的互联网正在改变甚至颠覆以往的商业生态模式，以互联网+和+互联网塑造的崭新的商业模式，对以往的传统商业模式造成了极大的冲击，让传统企业以往一贯遵循的商业模式出现了水土不服，难以适应当下时代中的市场竞争。

互联网+时代，传统企业人人自危。它们既害怕被那些互联网+企业颠覆，又担心自己在转型大潮中迷失方向，船毁人亡。目前已经有不少企业在这种进退两难、犹豫不决的状态中灭亡了。

这是一个崭新的时代，人人都有机会，但人人都容易被迷局困惑。因为市场格局早已发生变化，过往的一切规则、理念、方式正逐步落伍或已经被淘汰，而新的规则、理念、方式正在形成或已经建立，并且更加契合时代发展的脉搏。以前看一个企业的潜力，是看它有多少资产、多少人才，看它的创新能力。现在，就看它离互联网有多远。互联网已经从一种工具，逐渐衍变成一种思维，一种文化，一种平台和生态模式。

有人曾说，未来属于那些敢于自我颠覆、善于与时俱进的企业。事实确实如此。有一些企业，在互联网+时代的浪潮越来越汹涌的趋势下，勇于壮士断腕，毅然决然地向互联网+方向转型，并且获得了巨大成功，实现了全新蜕变。而它们的成功，也将给这个时代的同行企业带来更多启迪和思考。

就以传统企业转型互联网+O2O为例。传统企业转型电商，不是简单的从线下到线上，也不是机械地从线上到线下，而是要将线上和线下很好地融合，让线上和线下能够很好地联动，线下是线上的完美体验店以及销售供应的支撑，线上则是线下展示的平台以及最佳的销售渠道。只有调整好了这两方面的关系，制定出清晰的战略规划，才可能会吸引消费者，完成传统企业在互联网时代的完美转型。否则，有再多的资金，也难以成功。而对于那些不了解互联网+特性的企业，它们是难以得心应手地运用这一模式的。

互联网+作为当今时代的主流生态模式，无论是个人还是企业，如果不能了解互联网+的精髓，不能了解互联网+时代的商业新路径，要想在这个时代占尽先机，赚得盆满钵满，只能是一种妄想。因为在新的时代，财富需要用新的思维、新的手段去获取。若是我们只想着淘金，却不去学习和掌握新的理念、新的思维、新的规则，那么必然会面临人仰马翻、被破产大潮吞噬的命运。

所以，我们一定要深刻地掌握互联网+，掌握互联网+创造的各种崭新的商业模式和市场运作理念，如此，我们才能将互联网+的商业价值挖掘出来，分享到互联网+带给这个时代的红利和财富。而在这本书中，我以全景式的视角、浅显生动的语言以及丰富翔实的案例，对互联网+的整体形势、商业价值、运作手段等进行了深刻的解剖和分析。只要通读这本书，就可以对互联网+有一种清晰的认识，轻松把握互联网+时代企业转型、升级过程中的关键要点和核心，精准地规避转型、升级过程中的各种风险和陷阱。

总之，时代的发展趋势是不可逆的，无论是个人还是企业，要想在互联网+时代更好地把握商机、创造财富，就必须扎扎实实地认识和掌握互联网+。只有找到最适合互联网+时代的节奏，才能抓住机遇，赢得未来。

目　　录

第一章　互联网+为什么这么火：全面认识互联网+

为什么大家都在谈"互联网+" / 003

互联网+时代，为什么倒闭的传统企业越来越多 / 008

掌握了企业互联网+和产业互联网+，你就是人生赢家 / 012

不知道这八大热词，你就无法融入互联网+时代 / 016

第二章　五大特色铸就互联网+时代

跨界融合 / 023

创新驱动 / 027

重塑结构 / 030

尊重人性 / 034

开放生态 / 038

第三章 互联网+时代，传统企业如何顺利转型

第一步：改变思想——企业管理者要有互联网+思维 / 045

第二步：升级业务——用互联网+技术改造现有业务 / 049

第三步：打造新文化——用互联网+思想武装全体员工 / 053

第四步：重塑基因——用互联网模式开辟新业务 / 057

第四章 企业在互联网+时代的决胜之道

永远比对手快一步 / 065

尽最大的可能为用户提供最好的体验 / 070

做到五化：在线化、碎片化、个性化、去中心化、去中介化 / 075

掌握数据资源，制定精准决策 / 081

不懂互联网+O2O，企业就无法生存 / 086

第五章 互联网+金融：为金融插上腾飞的翅膀

互联网+支付：弹指之间完成交易 / 093

互联网+小贷：P2P呈"井喷"之势 / 097

互联网+众筹：草根创业者的融资"乐园" / 102

互联网+保险业：网络保险生态圈隐现 / 107

第六章　互联网+制造业：让私人定制成为潮流和必然

互联网+时代，制造企业的最佳转型机遇 / 115

互联网+，让制造企业的一切都通连起来 / 119

互联网+家居："智能"火爆，从概念走向现实 / 124

中国制造2025，互联网+制造业的全新蓝图 / 129

第七章　互联网+其他：用互联网+改造一切

互联网+外贸：跨境电商正在强势崛起 / 137

互联网+物流：物流行业正在掀起大变局 / 142

互联网+医疗：让看病更加简单 / 147

互联网+旅游：随时随地，随心所欲 / 152

第八章 化腐朽为神奇：看各行业先驱如何开展互联网+

互联网+商场+利润=天猫 / 159

互联网+旅行社+利润=携程 / 165

互联网+美妆+利润=聚美优品 / 171

互联网+出租车+利润=滴滴 / 177

第九章 全新蜕变：看企业如何利用互联网+颠覆传统

艺福堂：颠覆传统的互联网茶企排头兵 / 185

青岛啤酒：互联网"酿"出青啤新味道 / 190

贝拉维拉女装：用互联网+玩出新花样 / 194

初炼：用互联网+让健身实现真正普及 / 198

爱空间：用互联网+让家装行业更加优质高效 / 203

e家洁：用互联网+解决上门家政的痛点 / 208

加多宝：用互联网+塑造中国凉茶新基因 / 213

附录：互联网+时代必知的23个热词及释义 / 217

第一章

互联网+为什么这么火：全面认识互联网+

每一个时代，都会有一个主角。而纵观当下，互联网+无疑是这个时代的主角，它为这个时代带来了无数的机遇和变革，同时也带来了无数的风险和挑战。它作为这个时代的主流，可以成就一个企业或个人，也可以毁灭一个企业或个人。生存还是毁灭，取决于企业和个人对互联网+的认可、理解和应用。所以，要想不被时代淘汰，就必须全面认识互联网+。

为什么大家都在谈"互联网+"

2015年可以说是互联网+元年。因为在这一年,互联网+成为最热门的词汇。上至《新闻联播》,下至平民百姓,都是动辄必提互联网+。互联网+,它不是一种工具,互联网才是工具,它是一种能力,这种能力是这个时代的发展趋势。用互联网的技术、思想和方式,去改造乃至重构一切行业,这就是互联网+。

所以,互联网+的定义应该是:构建互联网组织,创造性地使用互联网技术工具和信息传输管道,以推动个人、企业和产业进行更有效的商务活动。

要说引爆互联网+这一热点的,还要提及2015年3月5日在北京人民大会堂召开的十二届全国人大第三次会议。

在这次会议上,国务院总理李克强在政府报告中明确提到了互联网+,并将其提到了国家战略的层次。从此,互联网+一举成名天下知,成为各行各业争相探讨的话题。

李克强总理在政府工作报告中明确提出：

"着力培育新的增长点，促进服务业加快发展，支持发展移动互联网、集成电路、高端装备制造、新能源汽车等战略性新兴产业，互联网金融异军突起，电子商务、物流快递等新业态快速成长，众多'创客'脱颖而出，文化创意产业蓬勃发展。

"全面推进'三网'融合，加快建设光纤网络，大幅提升宽带网络速率，发展物流快递，把以互联网为载体、线上线下互动的新兴消费搞得红红火火。

"制定互联网+行动计划，推动移动互联网、云计算、大数据、物联网等与现代制造业结合，促进电子商务、工业互联网和互联网金融健康发展，引导互联网企业拓展国际市场。"

从李克强总理的政府报告中我们可以看出，国家正在大力推进互联网+，试图运用互联网+的力量来推动中国经济的发展，使中国经济实现弯道超车，更快地步入世界强国的行列。

所以，在中国这片有着轰轰烈烈的建设热潮的土地上，互联网+正在成为这个时代最重要的主角，因为它作为这个时代的主流趋势，肩负着影响中国、改变中国的神圣使命。如果你不知道或者不了解互联网+，那就意味着你与这个时代脱节了。任何人、任何企业，只有紧跟时代的脉搏，才能获得更好的生存资本和市场红利。

互联网+作为一种新的经济形态，一种新的生产力，它将会依靠自身独特而又强大的优势，将互联网的创新成果深度融合于经济社会各领域之中，提升实体经济的创新力和生产力，形成更广泛的以互联网为基础设施和实现工具的经济发展新形态。

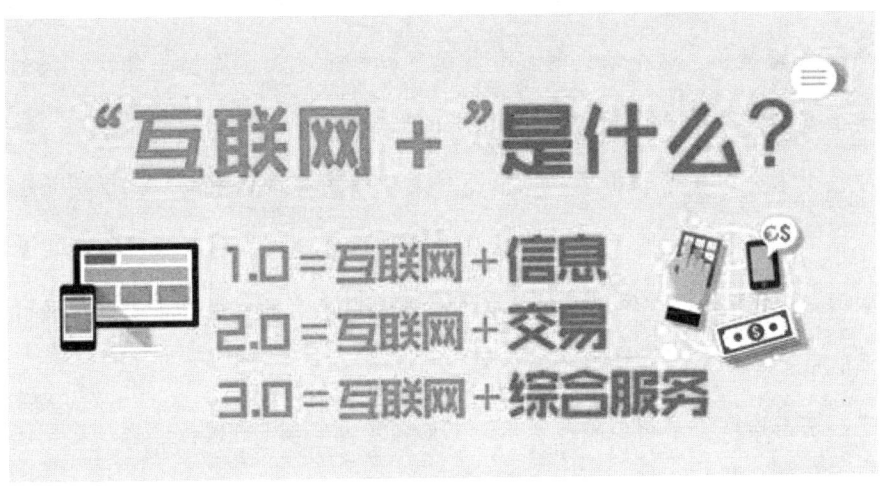

所以，越来越多的人开始谈论互联网+，开始深入了解互联网+，意在从中寻找新的发展机遇，寻找新的市场空间和营销手段，以期更好地完成蜕变和战略转型、升级。

下面，我们先来看看行业大佬是如何看待互联网+的，毕竟，他们作为时代的开拓者，始终站在时代的最前列，他们的观点和见解，代表了整个时代的发展趋势，也左右着时代的发展方向和发展成果。

腾讯公司控股董事会主席马化腾："总理在政府工作报告中提出互联网+的概念，对全社会、全行业来说，是一个非常大的振奋。互联网+一个传统行业意味着什么？它代表一种能力或者外在资源和环境对传统行业的提升。我们需要以互联网+为驱动，鼓励产业创新、促进跨界融合、惠及社会民生，推动我国经济和社会的持续发展与转型升级。"

阿里巴巴的创始人马云："互联网+是互联网公司说我应该思考加什

么，但是更多的应该思考传统经济加，应该加上互联网，也就是说互联网加上传统经济，才等于我们未来巨大的机会所在。互联网必须找到那个缺失的部分。这个缺失的部分就是鼠标和土地、水泥携手合作，找到一个方法让互联网经济和实体经济能够结合。"

小米公司董事长雷军："很高兴总理引用'风口理论'，说明总理非常关注互联网行业。包括总理政府工作报告四段提到互联网，制定互联网+行动计划，都体现了对互联网行业前所未有的重视。希望互联网行业能成为中国新经济转型的助推器，激发市场活力。"

京东商城董事局主席刘强东："电商是互联网+的代表行业，是一种先进的生产力，电商行业还有很大的发展空间，在互联网金融、大数据和智能、O2O、跨境电商、农村电商、移动购物这些领域都在进行大量的创新，这些创新将大大带动传统行业快速升级、更迭，形成新的以互联网和电商为核心的生态系统和价值链，为新常态下的经济发展注入强大的动力。"

苏宁董事长张近东："李克强总理提出'把以互联网为载体、线上线下互动的新兴消费搞得红红火火'，此次提及鼓励O2O线上线下互动消费，将O2O模式推到了一个新高度。然而，O2O的本质是什么？简单地说就是以互联网理念武装线下渠道。过去十年，线上电商火了十年，可是从零售市场的趋势可以看得出，纯线上的增长空间已经接近天花板。互联网零售的下一个十年，一定是渠道下沉+O2O。"

从这些行业大佬的话中可以得知，互联网+蕴含的价值与力量，远非我们能够想象到的。有了互联网+，企业、产业才能够串联起来。而未来的商业世界，早已不是企业与企业之间，个人与个人之间的竞争，而是升级到平台与平台之间的竞争，甚至是生态圈与生态圈之间的战争。而要想升级到这种竞争高度，就必须借助互联网+。

所以，我们只有深入了解互联网+，运用互联网+，才能抓住这个时代的机遇，胜任这个时代的挑战。你是没落还是崛起，取决于你是否掌握互联网+的精髓，并懂得运用它。

互联网+时代，为什么倒闭的传统企业越来越多

众所周知，随着互联网+战略的推进，越来越多的传统企业被逼到了墙角，它们的生存空间越来越狭小，它们以往赖以生存的市场规模正在被那些互联网+企业一步步蚕食、吞噬。为什么传统行业越来越举步维艰呢？为什么传统企业一直在节节败退呢？最主要的一个原因就是，它们失去了在互联网+时代发展的动力，它们的企业基因，已经与这个时代格格不入。

时代，永远在变革中进步，在变革中更新。能在新时代中生存下来的企业往往都是在变革中取得进步和更新的企业。而在互联网+时代，企业的变革、更新，最明显的莫过于商业模式的调整和变革了。所以，传统企业如果一直死守过往的模式，那么等待它们的，只有死路一条。

2015年11月11日，阿里巴巴推出了"天猫双十一购物节"，单日销售业绩达到了912.17亿元，其中无线交易额为626亿元，无线占比68.67%。而另一电商巨头京东商城同样不可小觑，它在双十一这天的下

单总量突破3200万单,同比增长130%,其中,移动端下单量占比达到74%,而微信购物和手Q购物在移动端的占比达52%。

再反观传统行业,却是哀鸿遍野,形势令人堪忧。只要我们稍微留意一下传统行业,就可以看到正席卷而来的关店潮:有着外资第一店美誉的马拉西亚百货商百盛商业集团,继北京东四环店宣布停业之后,唯一一家位于天津的门店也在2015年3月31日闭店;英国最大连锁零售商玛莎百货已于2015年8月前关闭其在中国15家门店中的5家;尚泰百货成都店的关闭意味着泰国百货品牌在华全军覆没;万达百货大举关闭10店,并进一步压缩部分楼层;沃尔玛已经关闭了30%中国门店;麦当劳今年将在中国关80店;佐丹奴2014年关190家,净利润大幅下降38%;波司登陷入"寒冬"危机,从2014年3月31日至9月30日的6个月中,马不停蹄地关闭了3436家羽绒服零售网点;此外,安踏、李宁、361度、特步、匹克、中国动向等运动品牌专营店关店数量早已超过3000家。

2015年上半年部分关店品牌	
百货	
万达百货	计划关闭40多家门店
玛莎百货	至8月累计在华关闭5家店
尚泰百货	成都店关闭意味着在华全军覆没
百盛	外资第一店接连陷入关店风波
超市	
乐购	山东6店全关,中国全面退市
沃尔玛	将关闭30%中国门店
餐饮	
麦当劳	今年将关闭80家门店
金汉斯	北京仅剩西直门及亚运村两家门店

相比线上业务的一片火热情景，传统行业的惨淡经营实在令人触目惊心、沉痛不已。然而，这是时代向前发展的必然趋势。互联网+时代，过往的那些旧的组织结构和生产、营销模式早已无法产生竞争所需的灵活性、创造力和分享机制，更无法给消费者提供一种全新的、完美的服务体验。

更何况，当今的时代，已不是卖家决定市场的时代，而是买家决定市场的时代。消费者在市场中的话语权已经得到了极大的提升。

就像商业领域广泛流传的一种说法："诺基亚败了，不是败给了对手，而是败给了自己。"诺基亚作为曾经的世界巨头，没有对手可以打败它，打败它的是自己不能与时俱进，是自己不懂得运用大数据，不懂得创新，不懂得迭代，不懂得利用用户体验……用一句话总结，诺基亚败给了没有重视互联网+。

虽然我们不能说传统行业的所有优势都荡然无存，这未免有失偏颇，但和互联网+企业相比，它们确实要逊色许多。在当下时代的商业领域，比拼的是什么？是速度、是资源、是人脉、是空间、是效率、是体验、是成本、是渠道，在这些方面，传统企业已经没什么优势可言，但却是互联网+企业的优势。

1.互联网+让用户主权至上

纵观整个商业领域，关于主权的问题一直在进化、发展，从最初的生产者主权逐渐进化到渠道商主权，一次主权的更迭，意味着市场结构的变化和营销模式的升级，意味着商业行为的革命性变化。在如今这个消费者至上的时代，只有把主权交给消费者，才能更容易获得消费者的青睐。而互联网+时代，是一个能把用户主权放到最高处的时代。用户有什么需求，希望得到什么样的服务，互联网+企业可以为用户量身定做。而这一点，就是企业最大的竞争优势。

2.互联网+让虚实结合

有互联网+基因的企业，往往能够给用户提供线上线下的双渠道服务。并且，企业和消费者之间的沟通也方便快捷得多。有什么需求和意见，通过互联网就可以完成沟通。至于消费者所需要的产品和服务，企业会通过线下渠道进行提供。线上是虚，线下是实，这样虚实结合，为企业创造了双渠道营销模式。拓宽接触消费者的渠道，自然会为企业吸引到更多的流量。而流量就是竞争力，这也注定了传统企业被棒杀的结局。

而这些优势，全是传统企业丝毫不具备的。所以，传统企业要想改变现有的、传统的经营模式，就必须打造一种具有战略性、能够贯穿整个价值链的新模式。而这一模式，就是开展互联网+战略。

> 掌握了企业互联网+和产业互联网+，你就是人生赢家

任何新的时代，都会因为新体系的建立，旧体系的淘汰，从而衍生出新的规则、制度、流程，而新规则、制度、流程的建立，又必将形成新的市场环境。而在新的市场环境中，如果因循守旧，仍然沿用过往的陈旧模式，那么自然无法适应新市场环境，长此以往，企业必然会因为跟不上时代的步伐而被淘汰。

所以，在新时代下的新市场环境中，必须运用新的经营模式，才能确保企业基业长青，发展平稳。同理，互联网+时代，企业同样需要进行改革，才能确保企业不会被市场淘汰，不会被竞争对手反超或棒杀。

而身处互联网+时代的企业，要想适应新市场环境，则必须掌握企业互联网+和产业互联网+这两种新的经营模式，因为它们是确保企业立足于互联网+时代的根本。

1.企业互联网+

企业互联网+是指互联网+加于企业自身，具体来说就是企业的一切运营模式都要和互联网思维联系起来。比如企业的生产、管理、营销、组织、培训、人才、产品定位等诸多方面，都需要借助互联网思维来重塑。

企业不仅需要运用互联网这个工具，还要运用互联网思维来改造和升级企业的流程、管理模式、企业文化，实现决策和管理思维以及企业运营模式的互联网化，从而提升企业运营效率和绩效。要做到这一点也并不容易，它需要企业不仅能够深刻地理解互联网思维，还能够充分利用互联网思维来武装企业的管理和运营。

互联网思维是互联网+时代的精髓，只有具备互联网思维，才算得上真正理解了互联网+。因为互联网思维是指引企业在互联网+时代前行的战略方向，有了它，企业就知道产品该往哪些方向研发，客户该在哪些领域聚焦，市场开发该采用何种营销模式等。一言以蔽之，互联网思维是企业在互联网和移动互联网不断发展的背景下，对用户、产品、营销和商业模式重新审视的思考方式。

互联网思维作为一套完整的思维体系，我们应该对其有深入的了解，如此才能更好地掌握它，借助它的力量来开展企业互联网+战略。

互联网思维主要由三个方面构成，即"UFO"。U是User experience的缩写，中文意思是极致用户体验；F是Freemium的缩写，中文意思是用免费服务吸引用户，通过增值服务或广告实现收入；O是operation的缩写，在这里代表精细化运营的意思。

值得一提的是User experience，也就是极致用户体验。极致用户体验可以说是互联网思维中最难做到的，因为要做到这一点，需要满足三个原则，Simple（简单）、Iteration（快速迭代）、Micro-innovation（微创新），简称"SIM"原则。

互联网思维作为开展企业互联网+战略的重要核心，企业只有切实掌握了它，并学会合理地利用它，才能真正做到互联网+战略落地，使企业爆发出新的强大力量。

2.产业互联网+

互联网+作为这个时代的主流趋势，它产生的影响涵盖了所有领域。不管你的企业属于哪种产业，第一产业也好，第二、第三产业也罢，都会或多或少地受到互联网+的影响。比如说，互联网+媒体产业，就催生出了网络媒体；互联网+娱乐产业，就催生出了网络游戏；互联网+零售产业，就催生出了电子商务；互联网+金融产业，就催生出了互联网金融。

其实，只要我们仔细观察一下这两年互联网领域发生的种种变化，就会感受到互联网+产业的威力是多么巨大。所以，企业必须了解产业互联网+，并借助它来提升自身在产业中的竞争力。至于产业互联网+的具体内容，我们会在后面的章节中讲到。

总之，无论是企业还是个人，都一定要明白，在互联网+时代，企业的生存、发展和互联网+息息相关，互联网+是企业无法绕过的潮流，是企业在当前发展趋势下"升级换代"的必经之路，也是各行业发展的必要选择。企业必须置身其中，不能也无法置身事外。当企业和个人都掌握了企业互联网+和产业互联网+的精髓，就可以打造出重要的驱动力，使自己站上互联网+时代的风口。当你做到了这一点，你就会成为互联网+时代最大的人生赢家。

> 不知道这八大热词，你就无法融入互联网+时代

思路决定出路，选择决定未来。在过去的几年间，互联网+时代的狂飙突进，掀起了互联网全面入侵并且颠覆传统行业的运动。越来越多的企业开始重视互联网+，也有很多不重视互联网+的企业被时代淘汰出局。所以，识

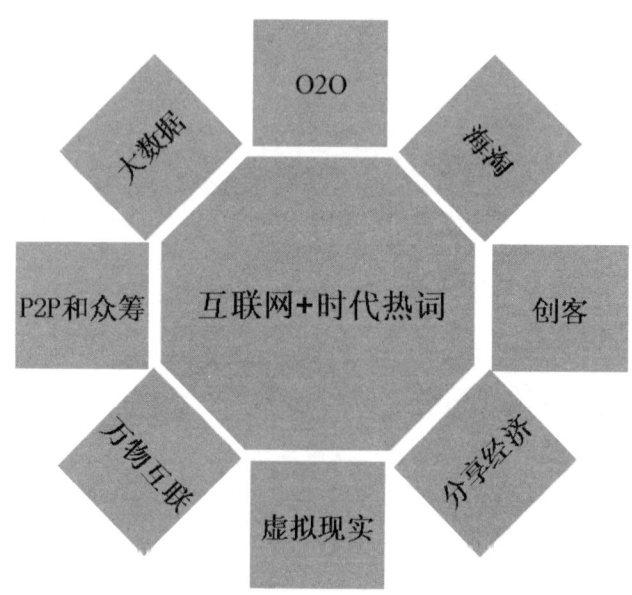

时务者为俊杰，我们生活在当下这个互联网时代，就必须懂得这个时代的主流趋势，如此才能真正融入这个时代，不被这个时代淘汰。

而在这个互联网+唱主角的时代，我们必须了解和互联网+密切相关的几大热词，因为这几大热词在一定程度上，代表了当今互联网+的发展趋势和发展现状。

1.O2O

如今提起O2O，几乎所有的企业都不陌生。O2O作为一种营销模式，它借助互联网这个工具，将线上线下串联了起来，实现了线上线下双渠道营销。经过几年的发展，O2O如今已经被认定为互联网+时代最实用的商业模式。放眼当今的市场格局，那些知名企业无一不是在运用O2O模式开展营销。淘宝、京东、苏宁易购这些巨头的企业基因就是O2O。就连以往的传统巨头格力、联想、海尔等，都已经开始借助O2O模式开展营销了。

2.大数据

数据，在任何时代都是非常宝贵的东西，因为它可以在一定程度上反映出事物的某种现象。到了互联网+时代，随着企业对数据采集和处理技术的逐渐成熟，大数据的价值也被充分挖掘了出来。有了大数据，就可以为互联网+战略提供切实的参考依据和指引决策。所以，在今后的时代，大数据将会成为企业最为重视的财富宝矿，为企业提供源源不断的价值。

3.万物互联

2015年，可以说是万物互联的元年，因为在这一年，可穿戴设备、智能设备迎来了雨后春笋般的发展速度。正如创新工场的创始人，著名企业家李开复所说的："下一个五年的科技趋势是万物互联。"各种产品、各种硬件通过与互联网连接，变为智能化的产品，比如智能水杯、扫地机器人、智能冰箱、智能空调等，一方面可以帮助消费者达到"量化自我"的目的，另一方面还可以为用户提供更好的体验，以及获得用户的各种数据，为企业的后续发展创造更多的价值。

4.P2P和众筹

之所以把P2P和众筹放在一起，是因为两者都是互联网+金融的产物。现如今，无论是P2P还是众筹，都是当下最为火热的投融资理财渠道。P2P和众筹，为消费者提供了非常便利的投资渠道，也为融资者提供了非常便利的融资渠道。这正是互联网+金融带给这个时代的红利。所以，如果我们不了解互联网+时代的P2P和众筹，那么就会少了一种投融资渠道。

5.海淘

如今，随着物流行业的发展和互联网购物风潮的成熟，海淘已经成为当下非常时尚的生活方式。海淘，也就是互联网+海外购物。消费者通过在网上下单，购买国外的产品，然后再通过国际物流和国内物流到达消费者手中。目前，海淘已经形成了非常可观的市场规模，为很多企业、商家甚至个人带来了很多商业机会。而我国也接连出台了诸多支持海淘的政策，所以，在互联网+时代，海淘行业将会大有可为。

6.创客

互联网+时代，无论是在硬件还是软件方面，都已经获得了空前的提升，而这一环境又为创客的产生提供了最为适宜的土壤。创客是英文"Maker"的中文词汇，它以创新为核心理念。互联网+时代的创客，他们借助开源软件和互联网，把很多以往无法变成现实的创意转变为真实的产品。加之互联网+时代资本市场变得非常开放和便捷，有了产品，有了资金，创客这个群体就成了搅动互联网风云格局的重要力量，也成为信息经济的新马达，互联网创业生态圈中的重要一环。

7.分享经济

在2015年9月召开的夏季达沃斯开幕式致辞仪式上，国务院总理李克强曾特别指出："目前全球分享经济呈快速发展态势，通过分享、协作方式搞创业创新，门槛更低，成本更小，速度更快。"如今，分享经济正在成为互联网+时代最为耀眼的一颗明星，这也是由其自身的特性决定的。因为"分享经济"的核心是以闲置资源换取经济收益，所以这也决定了它更容易开创互联网经济的新业态。比如现在风头正劲的滴滴出行、优步、回家吃饭等新兴的商业模式。

8.虚拟现实

或许在以往，虚拟现实还被人们称为黑科技，即还在理论阶段或一时无法实现的科技技术，而今，随着互联网的迅猛发展，互联网+时代的开启，虚拟现实技术正在从一种新技术转变为一股潮流。尤其是随着微软、谷歌、腾讯等巨头和各大影业的陆续加入，视频网站领域正在虚拟现实内容及渠道开发方面不断发力，虚拟现实走向广阔应用的时代已经到来。比如互联网+教育、互联网+医疗等，在虚拟现实领域都已经取得了很好的突破。而未来，虚拟现实蕴含的发展机遇和空间更加巨大。

总之，互联网+时代，蕴藏着无限的发展机遇，企业要想在这个风云激荡的时代里分得一杯羹，就必须深入了解互联网+主导的环境。只有在这个环境中把握住各种机遇，才能真正做到不浪费机会，真正攫取到这个时代的红利。

第二章

五大特色铸就互联网+时代

　　2015年3月22日，联想集团董事长兼首席执行官杨元庆在2015年中国（深圳）IT领袖峰会说了一句令人印象深刻的话。他说："中国互联网应该进入到一个新的阶段，我认为可以用三个词来概括，一个是人人互联网，一个是物物互联网，还有一个是业业互联网。"

　　杨元庆的这句话，其实可以浓缩为一句话，那就是：互联网+时代，连接一切。那么，在这个互联网+无处不在，连接一切的时代，它有哪些特色呢？这些特色又有什么特别的意义呢？这些问题都是非常值得企业探讨和学习的地方。

互联网+时代的到来，首先开启的就是一个跨界融合的新风潮。纵然几年前商业领域同样也在谈论跨界融合，但那时候由于互联网+环境体系还不够成熟，所以跨界融合仅仅局限于信息工业领域中的跨界。如今，随着互联网+战略被提升到国家战略级别的层面，互联网+的体系已经日趋成熟，互联网作为一种工具和手段，在完成跨界的同时，已经可以跟各行各业实现融合。

所以，互联网+时代，跨界融合是前所未有的，它不仅会改变过往陈旧的生产经营模式，还会重塑工业和互联网的生态，构建崭新、时尚、更贴近时代脉搏的生产经营模式。

互联网+时代，在很多互联网企业看来，就是一个"跨界打劫分金"的时代。在这个时代，企业与企业之间，行业与行业之间的边际界碑都会消失不见。以往，鞋帽企业就只能做鞋帽，空调企业就只能做空调，金融企业就只能做金融，科技企业就只能做科技，但如今，这种边际界碑已经完全不存在了，互联网+时代，让跨界融合变得轻而易举。

经过一段时间的洽谈和磨合，2015年6月5日，我国搜索领域的巨头百度公司与中信银行正式签订了全平台战略合作协议。此次合作协议生效后，双方的合作范围将由部分业务扩展至全平台业务。此次战略合作，百度的创始人李彦宏和中信银行的行长李庆萍都出席了此次会议，可见双方对这次合作的重视程度。

一直以来，百度专注的是以搜索为核心业务的互联网领域，中信银行一直专注的是以银行业务为核心的金融领域，但如今双方的合作，标志着百度跨界到了金融领域，中信银行跨界到了互联网领域。这说明跨界已经成为一种潮流，成为所有企业在互联网+时代寻求变革的重要战略方向。

当然，跨界并非双方的主要目的，融合才是。因为跨界后的成功与否，还要看双方能否融合。而双方的合作范围将由部分业务扩展至全

平台业务，也充分说明了双方前期的跨界融合已经获得了令人满意的结果。进一步合作，标志着共同发掘、培育互联网金融及电子商务市场，加快互联网金融产品创新，为广大用户提供新型的互联网金融服务和电商消费体验。

也就是说，双方在跨界融合的过程中，将借助双方各自的优势、资源及经验，在互联网金融、大数据、云计算、电子商务、客户关系管理等方面进行深入合作。合作的成功，标志着双方跨界融合的战略得到了完满的实现。

2015年11月18日，百度公司与中信银行再次联合召开了一场发布会，在发布会上宣布双方正式达成战略合作，并共同发起成立了百信银行。而百信银行的成立，标志着双方在跨界融合这一战略方针上已经进入了互信的稳定期。

互联网+时代，单一的团队、单一的企业已经没有任何竞争力，只有跨界融合，组建成一个新型平台，才能打造出"1+1＞2"的强悍竞争力和核心优势。任何企业，要想了解自己的企业在互联网+时代是否有未来，是否能适应互联网+时代的市场竞争，就要看自己是否具备了互联网+时代的特征。

当然，企业也要明白，跨界融合，绝不是简单的领地跨界和行业延伸，它是跨界双方或多方的组织系统的跨界重组。如果只是单纯的表面性跨界，企业的内外部组织和资源并没有发生本质性的变革，那么这就是纯粹为了跨界而跨界的行为，是非常危险和武断的。因为盲目地跨进一个陌生的疆域，是很难有能力应对这个疆域的竞争的。

所以，企业在向互联网+方向进行战略转型时，一定要明确，跨界融合，对外体现在商业模式的颠覆、变革，对内体现在组织架构的颠覆和变革。也就是说，不仅仅是在思维、战略上进行跨界融合，在组织管理系统方面同样需要做到跨界融合，双手都要硬。

此外，跨界融合的前提是协作，只有双方或多方精诚协作，组成一个协同的、融合的组织，那么这个新组织才是有竞争力的。

创新驱动

纵观我国政府制定的各种政策和法规，我们可以看出国家正在倾尽全力把增长动力从要素驱动转换为创新驱动。比如说，2015年3月13日国务院颁布的《关于深化体制机制改革加快实施创新驱动发展战略的若干意见》，就非常明确地提出了"把科技创新摆在国家发展全局的核心位置，统筹科技体制改革和经济社会领域改革，统筹推进科技、管理、品牌、组织、商业模式创新，统筹推进军民融合创新，统筹推进引进来与走出去合作创新，实现科技创新、制度创新、开放创新的有机统一和协同发展"。这一点是针对政府提出的。对于科研人员、创新企业，《关于深化体制机制改革加快实施创新驱动发展战略的若干意见》中同样有着非常明晰的规划和指示。

因为政府深知，过分依赖投入、规模扩张的生产模式，国家是没有未来的。只有向创新驱动方向发展，整个国家的经济才能获得一种良性的、正向的发展。我国的企业才能走出国门，走向世界，和世界市场上的顶级公司竞争与合作。所以，政府要不遗余力地为中国实施创新驱动的发展战略创造条件。

　　这正是我国政府如此看重互联网+战略的根本原因。因为互联网+时代，是中国经济实现弯道超车的大好机遇。而要想顺利实施创新驱动的发展战略，只有依靠互联网+才能完成。

　　2015年7月15日，小米科技公司旗下的生态链企业华米科技和我国知名的体育运动品牌李宁联手发布了名为赤兔和烈骏的两款智能跑鞋。这两款产品可以说是目前我国存在的最具性价比的智能跑鞋，因为其定价分别为199元和399元。这两款智能跑鞋一经上市，就受到了消费者的热烈欢迎和好评，销售业绩非常可观。

　　之所以说这是智能跑鞋，是因为它和我们平时所穿的跑鞋有很大的不同。李宁智能跑鞋内置了华米智芯，而这颗智芯则是安放在鞋垫下方的凹槽中。通过蓝牙4.0，李宁智能跑鞋中的华米智芯就可以和手机中的小米运动客户端连接。功能方面，李宁智能跑鞋除了拥有GPS、卡路里计算、时速和配速显示、关注好友等常规功能外，还具有进行脚步落地分析和精准步频分析的功能，可以智能检测跑步着力点并作及时提醒，保护跑步初学者，防止跑步时脚掌损伤。

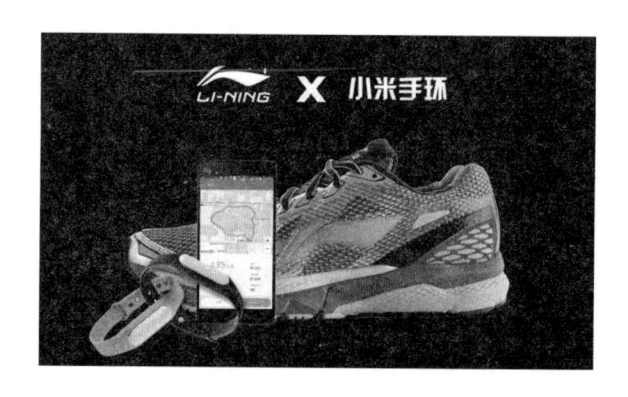

无疑，这种智能跑鞋是热衷于跑步运动的运动达人非常喜爱的产品。有了它，跑步者就可以随时监测自己的运动情况。但是，智能跑鞋的意义并不仅仅表现在这一方面。它除了能给消费者提供更好的使用体验外，还体现在它的创新驱动方面。

智能跑鞋借助互联网+的功能，在传统跑鞋的基础上进行了创新升级，给消费者带来了全新的创新产品体验，并且智能跑鞋的销售方式借助互联网+O2O的营销模式，去中间商化，轻轻松松就打破了价格壁垒，让消费者获得更多的实惠，轻松迈进智跑时代。而如果没有互联网+，类似智能跑鞋这样的可穿戴产品是没什么应用价值的，这肯定大大影响企业的创新和发展。所以，互联网+时代的创新驱动，是其非常鲜明的特色。

到目前为止，互联网+时代还处于起步阶段，其创新驱动的特色还未充分展现出来，但未来一旦充分展现出来，必将极大地推动经济发展，普惠民生。更为重要的是，互联网+时代的创新驱动，将不同于以往的创新载体专注于某个单独企业，它的创新载体是跨领域多主体，是平台化、网络化的。这也注定了其创新驱动将会极大地改变我们的生产、工作和生活方式，为我们带来一个全新的世界。

重塑结构

互联网+时代，其一大时代主题就是颠覆、改革。在这个崭新的时代，过往的一切结构、模式都变得陈旧和落后，已经很难适应当下的市场竞争和时代发展。因为在传统企业占据主流的时代，整个经济市场讲究的是小圈子模式，是小规模组织，而在互联网+时代，跨界融合成为每个企业必须面对的挑战，以往的小圈子模式、小规模组织根本无法打造出竞争优势。

所以，在跨界成为常态，融合成为趋势的当下，只有依靠大平台、大圈子模式，才能保障企业安全活下去。而要想达到这一目标，就唯有重塑结构。所以，互联网+时代将会倒逼企业重塑结构，进行组织改革和创新，为企业注入更多的新鲜血液和互联网基因。

说到重塑结构，就绕不开小米科技公司。小米科技公司从创建之初，就将自己定位为互联网企业。这一超前定位和小米公司核心创始人雷军的先见之明有很大的关系。在小米创立之初，雷军就深知，要想在群雄逐鹿的手机行业杀出一条血路，就必须采用互联网思维做手机，只有这样才能弥补自己的劣势。而事实也证明，小米手机的强势崛起，主要归功于小米公司对互联网思维的运用。

小米公司对互联网思维的运用首先表现在小米公司对组织结构的重塑方面。小米的管理模式提倡扁平化，无论是在管理方面，还是在产品研发方面，小米都采用扁平化组织结构，因为小米深知这是打造"小米速度"的重要前提。

小米的组织由七个核心创始人→部门领导→员工这三个层次组成，在发展的过程中，原来的团队一旦壮大，就立即分成几个便于灵活作战的小团队。管理扁平化，才能把事情做到极致，才能快速。小米手机能在短短几年内迅速占领手机市场，成为该市场的霸主，和其组织结构重塑有很大的关系。

小米通过重塑组织结构获得巨大成功的事迹像一记重锤，敲醒了很多发展乏力的企业，它们也逐渐意识到了互联网思维的重要性，以及互联网+时代正在悄然开启的时代趋势。所以它们也开始对组织体系进行变革。

比如著名的淘品牌御泥坊拥有300多名员工，组织结构就两层，CEO为首的核心管理团队→30多个学院，学院是基础的作战单元。除非有重大的任务才会组建庞大的部门，完成任务之后，立即恢复扁平化组织结构，各就各位，专心致志地做自己的事情。而像这种组织结构，在几年前看来是完全不可想象的。但御泥坊正是靠着这样的组织结构，将御泥坊打造成了中国泥浆面膜领域的第一品牌。

其实，互联网+时代的重塑结构这一特色，并不仅仅体现在企业内部组织结构的重塑，还体现在企业外部资源结构的重塑。我们就以影视业为例。在传统企业时代，传统影视公司一直遵循的都是写什么拍什么的传统创作方式，而到了互联网+时代，消费者的市场定位得到了空前的提升，传统影视公司以往遵循的模式已经不起作用。因为在这个时代，消费者想看什么电影，影视公司就拍什么电影，这才有市场。

所以，传统影视公司就需要和其他企业合作，或者是进行企业外部资源扩展，不管选择哪种方式，最终都是为了能够借助互联网大数据和前期用户需求挖掘，准确捕捉到观众的偏好和兴趣，来定制和优化影片制作。唯有这样，才能做到有的放矢，降低投资风险。

比如说电影《小时代3》，虽然影片质量并不出色，但是因为前期挖掘到了该影片存在很多的粉丝群体，所以上映后票房业绩依然获得了很大的成功。所以，互联网+时代，影视公司必须和互联网对接，在把握市场的方向上，量身定制，将项目开发创意着眼于观众。

而要做到这一点，影视公司就必须对产业体系结构进行重塑，涉及影视领域的所有环节，诸如制作、发行、售票等，都要进行结构重塑。比如售票环节，影视公司可以大幅削减线下网点，开辟线上销售渠道，好比和猫眼电影、美团网等企业合作。而未来，影视公司和互联网公司合作，创建新的组织结构，将会成为主流趋势。

总之，时代的变革必然带来商业模式的变革，而商业模式的变革，又必将催生出新的组织结构。所以，互联网+时代，重塑结构是企业必须开展的一项战略。只有塑造出全新的、更符合互联网+时代需求的组织结构，企业才能攫取到这个时代的发展红利。

尊重人性

于2015年3月22日在深圳举办的2015中国（深圳）IT领袖峰会会议上，腾讯公司董事会主席兼首席执行官马化腾说了这样一段话："过去很多行业是分很多层次和阶段的，有了移动互联网，就可以转化为以人为本、以人为中心，一切需求都是以个体需求，在网上延伸、辐射到制造业、服务产业以及各行各业。"

马化腾的这段话，可以说是极富指导性的。因为在互联网+时代，消费者是所有生态链中最关键的环节，他们可以决定一个组织、一家企业、一个平台的生死存亡。在互联网+时代，所有的信息都是透明的，消费者获得信息的渠道非常丰富，他们只要通过互联网这个渠道，就可以在极短的时间内完成货比三家的过程，并作出购买决策。

而在这一过程中，企业要想从竞争对手中脱颖而出，唯一的办法就是获得消费者的好感和青睐。如何才能获得消费者的好感和青睐，除了尊重消费者的人性需求，最大限度地契合他们的设想，再别无他法了。

互联网企业在这方面却做得非常出色，它们通过自身短平快的优势，与消费者建立了顺畅的沟通渠道，可以随时随地地和消费者沟通交流，挖掘消费者的真实需求，尽最大的努力满足消费者的一切要求。可以说，互联网企业虽然没有将尊重人性做到极致，但是却一直在不断地改进，而这一点，也得到了消费者的普遍认同。所以，互联网企业更容易获得消费者的认可和青睐。

在小米公司强势崛起后，雷军把自己的互联网思维七字诀公诸于众，即"专注、极致、口碑、快"。我们只要深入地探究一下这个七字诀，就会发现它的核心其实就是尊重人性。只有专注，才能做出让消费者认可的产品；只有极致，才能最大限度地契合消费者的期望；只有打造良好的口碑，才能更好地给消费者提供一种安全感；只有快，才能不断地满足消费者对于新产品的渴求。所以，任何一家企业，只要做到了这个七字诀，就离成功不远了。

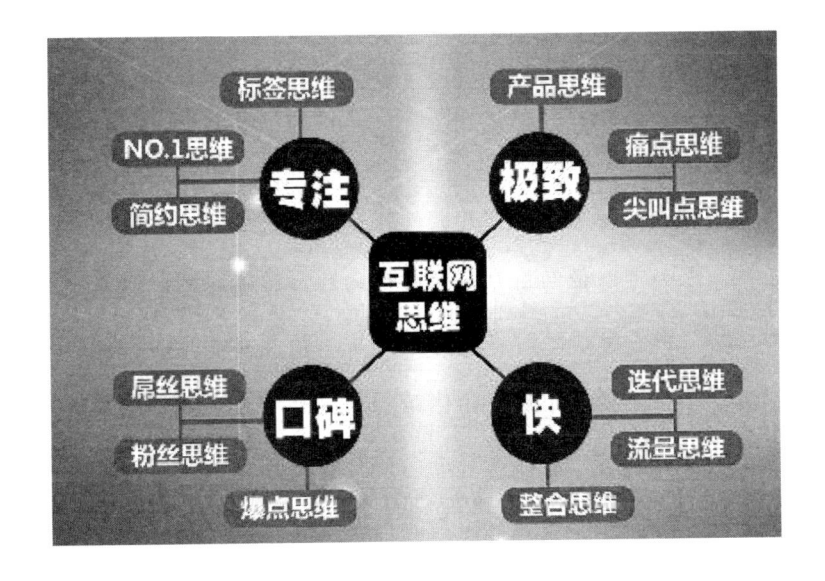

其实，互联网+时代尊重人性的特色，主要体现在用户体验这一点上。只要能给用户提供最好的体验，那么在尊重人性这一方面就是成功的。这也是为什么我们常常会看到这样一种奇怪的情景：海底捞、外婆家这些餐饮企业每天都有那么多人排队，而很多客户哪怕多等半个小时也无怨无悔。这是为什么呢？这是因为它们尊重人性，懂得用卓越的用户体验来获得消费者的死心塌地。

外婆家作为一家传统餐饮企业，并没有固守传统企业思维止步不前，相反，它是一家追求时尚、善于接受新生事物、敢于走在行业前列的餐饮企业。当微信应用开始普及时，外婆家就率先开始运用微信特有的功能来提升用户体验。比如说，外婆家创造了一种微信点餐和微信支付的应用场景。

当消费者在外婆家排队等位时，外婆家的公众号会自动向消费者推送订餐信息，消费者通过微信了解了订餐信息后，就可以选择自己中意的菜单，然后直接通过微信支付完成订单。当轮到消费者就餐时，消费者可以拿着入口牌直接进去享用美食。不需要进去之后再点餐，这样省去了不少时间。

同时，外婆家还通过微信开放的接口功能，为消费者提供诸多移动用餐服务，比如可以帮助用户定位身边的餐厅信息、随时向用户提供优惠活动信息、用户可以随时在线下单订餐、消费订单可以获得积分等服务，都实实在在地提升了用户的体验感。更让消费者觉得贴心的是，外婆家还会通过互联网、手机等渠道向会员推送节日关怀、生日关怀等消息，这些看似微不足道的细节，却能极大地提升会员的体验感，让会员觉得外婆家非常尊重自己。

在传统餐饮企业纷纷倒闭或者转行的同时，外婆家却求新求变，利用这种互联网+餐饮的新营销模式，成功地提升了用户体验感，将尊重人性表达得淋漓尽致，同时也获得了业绩上的持续攀升。

纵观当下，传统企业之所以被互联网企业打击得溃不成军，就是因为传统企业不尊重人性，无视客户需求，自以为是地将企业的理念强加给客户，或者是传统企业没有充分重视客户的真实需求，提供的产品或服务跟不上客户的节奏，从而导致被客户抛弃。

所以，在产品种类繁多、竞争对手林立、信息壁垒消失、消费者要求越来越高的互联网+时代背景下，企业如果不把消费者当成真正的上帝，不以尊重人性为企业理念，那么就无法在这个时代生存。

开放生态

互联网+时代，互联网工具的广泛应用，科技打消了所有的行业边界，跨界成为常态。也就是说，互联网+时代的商业，是一个没有边界的商业世界。在这个时代里，衡量一个企业能否存活下去，能否有长远的发展，就看其开放性、生态性够不够。

互联网+时代，提倡的是自由、开放的精神，企业不能只依靠自己的内部平台来制定战略、作出决策，更应该好好利用外部的资源和平台。任何割裂、孤立、静态的生态系统都会让企业陷入信息、资源的孤岛。

在互联网+时代，企业跟企业之间已经连成一片。如果你的企业生态不开放、不流动，你的企业就无法获得有价值的资源、有生命力的创新。只有生态开放，资源互换，企业才能产生更多的活力源泉。

我们都知道，跨界融合是互联网+时代的首要特色，而要想真正实现它，企业如果不开放生态，那么何谈跨界、何谈融合呢？只有开放才能融合，这是跨界思维的核心之一。因为在一个开放的生态系统里，跨界才能找到一些和外界其他要素之间的共通点，才能找到跨界合作的规则。这些都是融合的必要前提。

正如一位互联网大咖所说的："未来的跨界，一定要把企业的内部生态圈延伸出去，去和外部的生态系统进行协同、交互，跨界的力量才能有效地推动创新。"只有开放生态，自己的短板才能通过外部的资源得到有效弥补，自己的优势，才能借助外部的资源获得良好的推广。

2015年12月23日，以"开放、合作、创新、务实"为主题的2015中国互联网+开放合作大会暨第三届中国智慧城市高峰论坛会议在北京召开。此次论坛会议的规格非常高，中国工程院院士杜彦良、李京文、徐寿波、施仲衡，中国互联网协会常务副理事长高新民，硅谷无线科技协会联合会长朱军（Jason Zhu）、德国《工业4.0》主编乌尔里希·森德勒（Ulrich Sendler），中国信息经济学会副理事长、英特尔公司全球副总裁杨旭等众多产业的知名人士都出席了本次大会。

参与本次会议的嘉宾一致表示，互联网+已经成为经济增长的新动力，企业如果能借助互联网+与其他行业交汇融合，就可以拓展出巨大的市场空间和创新能力。未来的时代，是属于共建合作共赢生态圈的时代，只有努力开放生态，推动互联网+战略落地实施，企业才有希望，中国才有希望。

只要我们仔细留意一下当下的互联网+领域，就会发现类似2015中国互联网+开放合作大会暨第三届中国智慧城市高峰论坛这样的会议非常多，因

为在互联网+的倒逼之下，很多企业都已经幡然醒悟了，它们深知只有开放生态、协同合作，才能拥有广阔的未来。

腾讯企业，是我国互联网企业中的超级巨头，放眼当今的市场，没有一家企业是腾讯的对手，即便是强大如阿里巴巴，在腾讯打造的移动社交帝国面前也不得不低头认输。但即便如此强大，腾讯企业依然对开放生态持有积极的态度，并且一直在这个战略方向上不断努力。

在互联网电视领域，作为我国最出色、最强大的互联网综合服务提供商，腾讯在这一领域已经深耕多年。腾讯自身的实力虽然非常强大，但它并没有因此就封闭自己的系统。相反，它一直以开放的心态构建开放的生态。

仅仅2015年这一年，腾讯就陆续将自己的生态开放给长虹、TCL、创维、海信、康佳、飞利浦、海美迪、天敏等电视和盒子厂商，和它们结为合作伙伴。在合作过程中，腾讯依托自身优质内容和强大平台方面的优势，以及集合产业链合作伙伴的特长，为用户提供丰富的客厅产品选择和极度精彩的视听娱乐体验，从而在大大提升用户体验感的同时，还使每个合作伙伴都获得了业绩和市场。

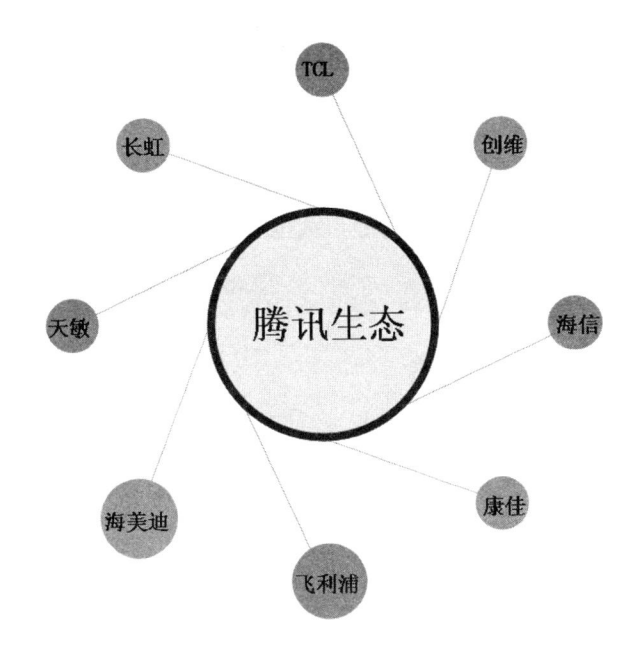

```
         TCL
   长虹        创维
天敏    腾讯生态    海信
   海美迪       康佳
         飞利浦
```

腾讯深知，互联网+时代就是一片汪洋大海，而自己即便是一艘巨型航母，也依然有着被汪洋大海吞噬的危险，只有开放自己的生态系统，和其他企业开展合作，才能将自己这艘航母变成一位海港基地，如此才能抵御汪洋大海中的飓风侵袭。比如说，腾讯作为互联网综合服务提供商，它没有互联网电视领域中大屏加跨屏的技术，而对于这一短板，腾讯通过开放生态，利用生态平台上的其他合作伙伴的技术就可以得到有效弥补。

时势造英雄，成功的企业不在于它有多么庞大的规模，而在于它在正确的时间做正确的事情。即便强大如腾讯，在互联网+时代都不得不开放生态，寻求合作。这正是腾讯的伟大之处，因为它懂得识时务者为俊杰，不会与时代趋势作对。

所以，在互联网+时代的滚滚车轮面前，任何封闭生态系统的企业都是螳臂当车，自取灭亡。因为在这个时代趋势面前，企业的系统重组能力与外在"生态系统"对接的开放程度决定着企业的未来！

第三章

互联网+时代，传统企业如何顺利转型

互联网+时代，传统企业的生存变得异常严峻，这已经是不争的事实。纵观当下的传统企业，在互联网+的浪潮下，它们一直依赖的传统营销优势已经荡然无存。比如说，传统企业的商业模式一般都是生产、加工出来产品后，然后通过招商、广告的方式将产品卖给消费者。这一传统套路在如今这个时代，早已成为老掉牙的东西，因为消费者早已不买账了。所以，传统企业要想在这个时代生存，就必须转型。

第一步：改变思想——企业管理者要有互联网+思维

对于传统企业来说，作为企业中的顶层设计者，也就是企业管理者，他们的思维、眼界、决策往往决定了企业的发展方向和生死存亡。到了互联网+时代，虽然很多企业管理者都意识到了传统企业已经陷入了风雨飘摇的境地，也想着能改变公司的经营模式，但是他们又对此心怀恐惧和不安。因为他们始终被"不转型等死，转型怕转死"的思想顾虑困扰着。

所以，传统企业要想完成顺利转型，首先要从企业管理者入手。传统企业互联网化，是未来商业浪潮的主旋律，企业管理者只有明确了这一点，并坚定地朝着互联网+这一时代方向迈进，才能让自己的企业继续生存下去。如果背道而驰，或者拒不改变，那企业基业长青的梦想只会是一场镜花水月。

作为一个有着100多年历史的科技企业，IBM在世界上的知名度可谓是最高的企业之一。在IBM企业100多年的发展历程中，总共经历了三次历史性的转型。而在这三次历史性的转型过程中，由IBM董事长兼首席执行官彭明盛主导的第三次转型最有战略前瞻性。因为前两次IBM是在举步维艰的环境中被动完成转型的，而第三次转型却是通过超前的战略规划完成的。

彭明盛作为IBM企业的最高掌门人，他的思想直接决定了IBM的走向，IBM是向左走还是向右走。而只要我们了解了彭明盛的个人管理思想后，就会意识到他的思想在IBM成功转型的过程中发挥了关键性的作用。

彭明盛接手IBM后，首先就大刀阔斧地对以往的管理模式进行了改革。在IBM内部，有一项制度，那就是著名的每月召开一次的12人圆桌会议。这个圆桌会议，不仅决定着IBM的发展走向，还是个人身份的象征。但彭明盛觉得这个会议有很大的弊端，它的决策速度不仅过慢，而且这些公司高层由于缺乏对一线市场详细的了解，也会在很大程度上影响到决策的正确与否。所以，他建立了一个更加扁平化的组织方式：设立关于战略、执行与技术的三个小组，并且将每个部门最优秀而不仅是最高层的员工招至其中，以使他能够更好地了解市场和作出决策。

彭明盛的这种做法，就是思维转变的一个明显标志，也是如今互联网思维中的核心思想之一。此外，随着互联网的发展，手机功能的日益强大，移动互联网也开始进入高速发展期。此时的彭明盛，又敏锐地意识到桌面电脑的价值将会越来越低，云计算时代正在来临。于是，早在2005年，彭明盛就把当时IBM最富标志性的资产PC业务卖给了联想集团，自己轻装上阵，进军大数据领域。

后来的事实证明，彭明盛的做法是非常正确的。在如今这个互联网+时代，大数据已经成为了一个企业制胜的重要武器。而IBM在这个领域起步最早，占据的先机最多，所以它已经是大数据领域中首屈一指的翘楚。

IBM 大数据平台和应用程序框架

无疑，彭明盛可以说是用互联网思维思考问题的先驱，他早在互联网+时代还未明显出现的时候，就开始了管理思想的转变，不被过往的模式所左右，更不会躺在功劳簿上睡大觉。所以，IBM在彭明盛的带领下，再次获得了重生。

我们不妨试想一下，当初彭明盛如果不改变自己的思想，依然遵循前任的思维做事，那么在如今的PC端业务日渐式微的互联网+时代，IBM这个老牌企业拿什么和那些依靠互联网+模式异军突起且如日中天的企业新贵竞争呢？庆幸的是，彭明盛及时改变了管理思想，才抓住了大数据这个宝藏，使其依然有能力引领市场竞争的潮流。

阿里巴巴创始人马云曾经讲过一个自己的亲身经历。在他刚刚创办淘宝网时，曾经极力游说过一个家具销售公司的老板，试图说服他把产品放到淘宝网上来卖，但是那位老板说"等等再看"。又过了两年，马云再次找到这位老板，希望他能把产品放到淘宝网上卖，但这次那位老板又拒绝了，他说："现在没有时间。"转眼又是两年，淘宝网已经六岁了。有一天，这位老板找到马云说："我的生意都被一帮小孩子抢走了。"

在一切都在向互联网+靠拢的时代，每一位传统企业管理者，都必须转变自己的思想。因为这个时代最严重的问题已经不是对手比你强，而是你连对手是谁都不知道。如果你不转变思想，或者不及时转变思想，那么你的企业是没有未来的。只有先转变思想，从内心接受互联网+，你和你的企业才有未来。

当然，仅仅是转变思想还远远不够，毕竟管理作为一种实践的艺术，它的本质不在于知，而在于行。验证思想是否真正转变了，不是思考时的逻辑，而是创造的成果。所以，企业管理者在面对互联网+时代风云变幻的市场环境时，一定要勇敢改变旧有的思想体系，接受互联网思维，甚至是进行管理思维创新。然后，根据新的思维，在新的时代开拓新的市场。

第二步：升级业务——用互联网+技术改造现有业务

上一节我们说过，管理作为一种实践的艺术，它的本质不在于知，而在于行。验证思想是否真正转变了，不是思考时的逻辑，而是创造的成果。所以，传统企业要想彻底地告别传统的经营模式，就必须升级业务，用互联网+技术改造现有业务，使企业成为一家极具时代特色、紧跟时代脉搏的企业。

要知道，在互联网+时代，传统企业的业务模式早已不受消费者的欢迎。比如，在这个快节奏的时代，每位上班族的时间都是非常宝贵的，你如何能让上班族花费好几个小时的时间去传统企业的商店选择一款产品呢？这些在网上就可以分分钟搞定的事情，消费者为何非要花好几个小时的时间去线下商店呢？

再比如说，消费者要购买一款符合自己审美需求的产品，但你的企业由于没有和消费者建立沟通渠道，也无法给消费者提供定制服务，那你怎么能赢得消费者的青睐呢？要知道，这些可是互联网企业的强项。所以，传统企业要想在这个时代生存，当务之急就是升级业务。

在我国的传统企业转型成功的阵列中，苏宁企业无疑是非常出众的一个。苏宁作为一家传统家电企业，多年来一直专注于线下市场，在整个家电行业中占有很大的市场份额。尤其是在京东未出现之前，苏宁一直是中国家电市场的超级巨头，除了国美可以与其抗衡之外，其他企业一直难以望其项背。

但是，当京东商城穿着互联网+的铠甲盛装上阵后，很快就打破了苏宁和国美这两个巨头争霸的局面。京东商城凭借着自己的互联网基因，无论是在营销方面还是服务方面都占据了很大的优势。所以，在京东商城成立不久后，家电市场的霸主地位就被京东商城收入囊中。

看到这一令人惊讶的变故后，苏宁惊呆了。它不知道奋斗多年，称霸市场多年后，最后竟然面对的是这样一个令人难以接受的结局。不过，悲痛归悲痛，痛定思痛之后，苏宁终于意识到了自己失败的根源，并由此走上了一条凤凰涅槃的蜕变之路：苏宁要向互联网企业转型。

2009年，苏宁开始升级业务，正式踏上了用互联网+技术改造现有业务的漫漫征程：由一家传统零售商向互联网零售企业转型。尤其是2011年苏宁易购的上线，正式吹响了苏宁由传统的家电零售商向互联网企业转型的号角。

当然，转型的过程是非常残酷的，尤其是对于传统经营模式早已成熟的传统企业。要转型，就好比让一艘货轮在一块案板上转头。在转型过程中，苏宁曾多次出现业绩受挫、亏损现象，业界对其转型的成果质疑不断。好在苏宁坚持了下来，通过在转型过程中不断调整战略方向和战略手段，最终获得了成功。

根据2015年苏宁官方公布的2014年年报中的内容，我们可以得知，其营业总收入达到1091.16亿元，同比增长3.63%，净利润达到8.61亿元，同比增长131.53%。而在中国经济发展速度明显放缓的当下，这一成绩已经非常优秀了。

不过，苏宁集团的掌门人张近东并没有沾沾自喜，而是再三告诫自己不忘初衷。正如他自己所说的："从苏宁开始正式转型之时，就明确要做中国的'沃尔玛+亚马逊'。而如今，苏宁的目标已经不是做中国的'沃尔玛+亚马逊'，而是要超越它们。并且，我们非常有信心。"

张近东之所以能说出这些在外人看来简直是"胆大妄为"的话，是因为他有底气。纵观当下的苏宁易购，我们可以发现它无论是在大数据、云计算方面，还是在O2O、开放平台等方面都拥有了非常成熟的技术，在物流、客服、售后等方面的用户体验越来越好，商品与运营、终端与后台的融合越来越顺畅。更为重要的是，还创建了自己的移动支付体系——易付宝。种种事实证明，苏宁已经由传统企业成功转型为一家全新的互联网企业。

当下的传统企业，无论身处哪个行业领域，是零售业、广告业、运输业也好，是酒店业、服务业、外卖业也罢，在互联网+企业的攻势下，无一不露出步履维艰的颓势，比如产品滞销、业绩下降、成本攀升、用户吐槽、舆论诟病等，这些问题如果不解决，企业就难以生存下去。而要想彻底解决这些问题，唯有借助互联网+技术。

在当今的互联网+时代，改变难，不改变更难。因为改变只是难在一时，以后会越来越好；但不改变难在一世，企业很可能会在一路走下坡路的过程中灭亡。所以，前进一步是天堂，后退一步是地狱。企业只有果断地升级业务，用互联网+技术改造现有业务，才能赢得美好的未来。

第三步：打造新文化——用互联网+思想武装全体员工

当然，转型的过程是痛苦的，因为一种模式的建立，意味着另一种模式的淘汰，这必然会不可避免地引发企业内部职能的变化和运作流程的改变。而这些改变造成的最直接的后果就是得到某些人的反对或消极对待，比如会触动企业内部某些既得利益者的利益，或者是某些员工不认同这种新模式，从而消极对待企业的改革。不管是何种情况，企业都必须处理好。毕竟，再好的战略和业务模式，最后还是需要人来执行。没有了执行之人，一切都是空谈。

所以，传统企业要想转型成功，并且在成功后还能继续保持良好的发展态势，那么就必须对人进行培训，只有团队的战斗力得到整体提升，企业才能更有竞争力。如果仅仅是企业管理者有互联网思维，而员工却并不具备这种思维能力的话，那么即便是执行管理者的指示，也很难领略到管理者的真正意图，更别提为企业出谋划策了。这样的员工群体，自然会极大地降低企业的竞争力。

在当下的互联网+时代，影响力最大的企业中，京东名列前茅，它也是目前唯一可以和阿里巴巴旗下的淘宝抗衡的电商企业。京东商城有六万名员工，京东高层的管理者明白，仅仅打造领袖的管理团队是远远不够的，因为企业的一切决策最终还是要靠大多数的一线员工来执行的，所以京东在打造优秀管理者的同时，也不忘培养其他员工的互联网思维。

这一点，可以从那些专门为京东提供培训服务的企业所提供的年报中得到明确的结论。比如一家常年为京东提供培训服务的企业出具了两组数据。以往该企业用60%甚至更多的时间为京东的管理者服务，如今，该企业为京东管理者服务的时间已经被压缩到20%，其他的时间都被用到了普通员工身上。

京东为员工提供培训服务的目的很明确，就是让员工具备互联网思维。因为京东本身就是一家电商企业，是标准的互联网公司，这样的企业没有互联网思维做基础，是没有未来和前途的。所以，在培训之初，京东高层就下了明确指令，培训过程要坚决杜绝传统培训经常采用的"高大上，听不懂"的培训方法，要积极提倡"接地气、讲干货、说人话"的培训方法。

为了全面提升京东员工的知识体系，京东还煞费苦心地创建了"我在京东上大学"这个平台性产品。早在2013年11月，京东和北航远程教育学院合作，开设了电商专业本科和大专的学历教育，并积极鼓励员工去自费学习。当然，京东和北航远程教育学院会给这些学员提供一定的优惠。比如说，员工在两年半后拿到了学历证书，京东会给你一定的奖励。如果学习期间晋升了一级，减免1/3学费，晋升两级减免1/2，晋升三

京东七大课程体系

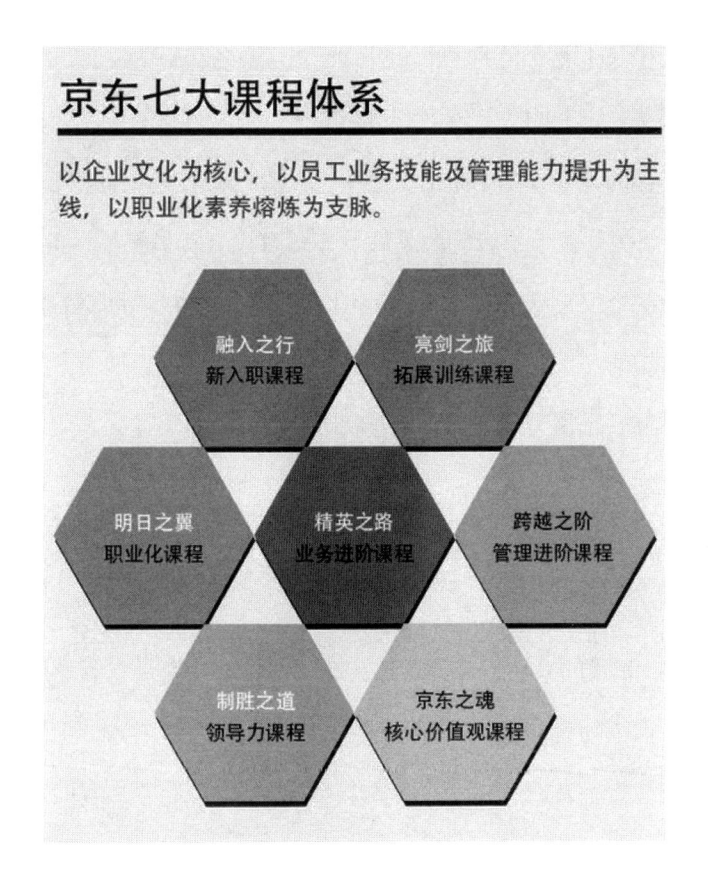

以企业文化为核心，以员工业务技能及管理能力提升为主线，以职业化素养熔炼为支脉。

- 融入之行 新入职课程
- 亮剑之旅 拓展训练课程
- 明日之翼 职业化课程
- 精英之路 业务进阶课程
- 跨越之阶 管理进阶课程
- 制胜之道 领导力课程
- 京东之魂 核心价值观课程

级整个课程全免费。这种激励行为，不仅可以减轻员工的负担，还能提升员工的学习积极性。更为重要的是，员工通过对电商专业的学习，将会大大提升自己对互联网思维的掌握程度，这无疑也会提升京东的软实力。毕竟，得力的员工才能成就得力的企业。

经过长期不间断的培训，京东员工对于互联网思维方面的知识和体系得到了整体性的提升。除了刚刚进入京东的新员工还来不及培训外，其他老员工都知道什么是用户痛点、尖叫点、引爆点等。还有很多优秀员工甚至懂得社群运营、多媒体制作、爆点营销等极具互联网+特色的技能。

企业文化是企业立足的根本。只有让员工具备统一的文化，企业才能获得扎实的根基、迅速的决策能力和卓越的执行力。京东的成功，在很大程度上源于其定位的成功，源于其文化普及的成功。京东作为一家互联网企业，互联网+思想是其长盛不衰的制胜武器，只有让所有员工都具备互联网+思想，才能在这个巨头林立的时代拥有核心竞争力，不被对手打败或颠覆。

在2014年的一次互联网大会上，小米创始人雷军自豪地说："小米之所以能创造奇迹，是因为小米借助了互联网思维。"对于这一表示，马云、马化腾、李彦宏三位企业大佬都连连表示同意，他们还断言，未来的互联网企业将会不存在，因为所有的企业都是互联网企业。对于这一论断，获得了所有在场人士的认同。

互联网+时代的来临，颠覆了过往的一切，就连衡量企业发展潜力的标准都出现了很大的变化。以往衡量一个企业有没有发展潜力，主要看其资产实力、市场规模、客户规模等，而如今主要看的是该企业离互联网有多远。所以，传统企业要想转型，就必须在企业里全面普及互联网+思维，将其打造成企业的文化和基因，将互联网思维贯穿企业经营管理全过程，唯有如此，企业才能在不断适应环境变化的过程中不断发展壮大。

第四步：重塑基因——用互联网模式开辟新业务

不可否认，传统企业曾经经历过一个辉煌的时代，在那个时代里，传统企业如日中天，任何商业模式都可以获得巨大成功。但是，时代是向前发展的，不可能永远保持不变。如今，随着互联网+时代的开启，传统企业赖以生存的模式已经难以为继，企业如果不重塑基因，用互联网模式开辟新业务，那么在这个以互联网+为主题的时代将毫无制胜的可能。

所以，重塑基因不仅是传统企业的当务之急，更是衡量其转型是否成功的重要砝码。如果不能重塑基因，那么先前苦苦转型过程中付出的所有努力都会付诸东流。毕竟，当今的手机移动端用户群体早已大幅超过了PC端，仅凭这一点，就足以告诫我们要用互联网模式开辟新业务了。因为，客户就在移动端，商机就在移动端。

我们就以海尔企业为例。海尔，不仅是我国家电行业的领军企业，还是中国制造在世界市场上的代言者、排头兵。即便是这样一家巨无霸传统企业，在互联网+时代的浪潮中，也开始了艰难的转型。因为海尔深知，只有转型，只有学会用互联网模式开辟新业务，企业才会有未来。

2013年，海尔集团创始人张瑞敏提出了海尔要正式实施网络化战略，他希望借助互联网模式，利用网络化资源，打破僵化的企业体制，实现企业无边界，供应链无缝对接。紧接着又在2014年提出了"平台化和创客化"的战略。

张瑞敏很清楚，从海尔成立的那天起，30年来企业一直在做加法，如今到了互联网+时代，却要面临被颠覆的风险。因为互联网+时代，讲究的是做减法，讲究的是专注、是极致、是快。而作为传统企业的典型代表，海尔集团显然不具备这种优势。所以，要想涅槃重生，就必须重塑基因，让海尔成为一家互联网企业，利用互联网模式开辟新业务。

对此，海尔开始互联网创新探索之路，并制定了明确的战略规划，比如以下三点：

1.企业无边界

在传统企业如日中天的时代，它们认为条条框框才是确保传统企业的竞争优势，比如说，销售部就只负责销售的业务，售后部就只负责售后业务，两者之间没有任何交集，也互不干涉。而如今，这种模式正成为阻碍传统企业发展的桎梏，无边界作为互联网企业的显著特点，正在发挥越来越重要的作用。海尔如今经过一段时间的大胆改革，已经取消了企业内部的各种边界限制。

同时，海尔也变得更加开放和包容，为了获得更好的发展和竞争优势，海尔的视野已经面向了全球。只要对企业发展有利，海尔就会尽全力去整合全球资源和利益相关方，把自己可以笼络的人才都邀请到企业的项目中。并且，利益是大家的，所有参与人员都可以分享到项目成果。这种无边界，不仅让海尔的全局观更加精准和全面，还有利于人才的聚集和培养。

2.管理无领导

一个成功的企业，不是这个企业有多少兢兢业业、智慧过人的管理者，而是这个企业不需要管理依然能正常运行。传统企业时代，企业遵循的领导体制是金字塔型。企业的运营和发展，由金字塔最顶端的领导者决定。底层员工和一线员工是没有发言权的，至于消费者，更没有发言权。

而互联网+时代，一切都是由消费者说了算。所以，海尔企业在转型的过程中，也开始了管理风格上的变革。海尔企业竭力让企业的管理组织扁平化，尽量提升基层员工和一线员工的发言权，让能听到炮火的人来作决策。因为这些人是最贴近消费者的群体，他们更了解消费者的喜好和诉求。所以，海尔在组织体系变革的同时，8万名员工就变成了2000多个自主经营体，每一个经营体就相当于一个小微公司，每一个小微公司就是一个驱动源，以局部的创新带动整个公司的创新。海尔则成了这些小微公司的孵化器。

3.个性化定制代替规模化制造

互联网+时代，生产企业的唯一转型之路就是走个性化定制的商业模式。因为在这个时代，消费者的消费理念更加独立和个性，传统的大规模制造模式已经很难满足他们个性化的需求。企业只有为他们提供量身定做的产品，才能赢得他们的青睐。所以，海尔在这一方面做得也非常棒，它目前探索的是按需设计、按需制造、按需配送的生产模式，即便是用户单独要一台完全符合自己意愿的冰箱，海尔也能为其提供。目前，海尔不仅卖产品，还推出了智能家居解决方案，使自己的产品更加个性化和智能化。

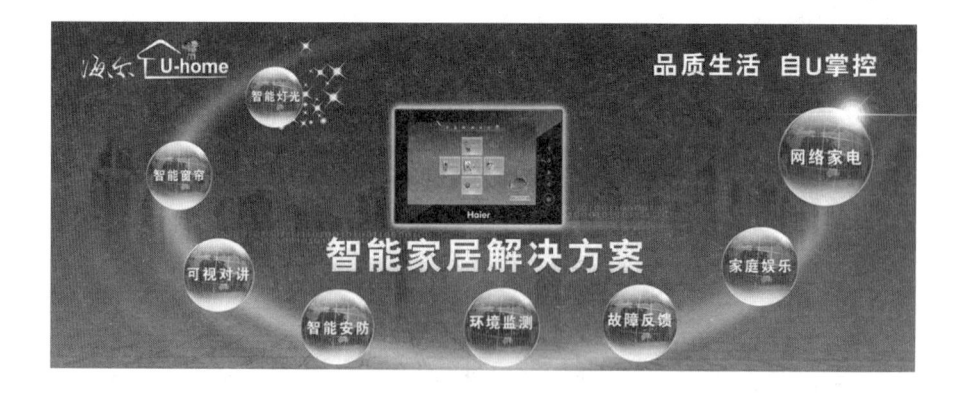

如今，海尔已经度过了重塑基因过程中最艰难的阶段，它现在已经明确了自己的方向和定位，整体的互联网+转型战略已经异常坚定。更为可喜的是，其目前在互联网+战略方面已经取得了良好的成效。将来，海尔一定会有更好的未来。

互联网+时代，任何企业都不可任性而为，千万不可凭借自身的大块头就对互联网模式不屑一顾，手机巨头诺基亚的轰然倒下就是最好的明证。只有顺应时代潮流，积极向互联网+方向转型，才能重塑基因，让企业在互联网+时代更具竞争力。

正如海尔集团创始人张瑞敏在一次演讲中所说的："'没有成功的企业，只有时代的企业。'所有的企业都不要说自己成功了，你只要是感到自己成功了，但那只不过是因为你踏准了时代的节拍，而没有任何企业可以永远踏准时代的节拍，因为时代变化太快了，没有办法预测它。我们是人不是神，没有办法永远踏准，所以唯一要做的就是改变自己，企业不可能改变时代。"

所以，企业一定要积极地重塑基因，打造全新的企业金身，向互联网模式方向靠齐。不仅要打造新的经营模式，还要打造新的组织体系、新的产品体系、新的营销体系、新的渠道体系、新的运营体系。唯有如此，企业才有未来。

第四章

▶▶

企业在互联网+时代的决胜之道

互联网+时代将推翻以往各种陈旧的运营模式和企业体系，重塑新的运营模式和企业体系。如果企业不懂得这个时代的生存之道，不会运营新的运营模式，不会创建新的企业体系，那么拿什么和竞争对手竞争呢？所以，互联网+时代，企业要想生存，就必须修炼这个时代的"武林秘籍"，只有做好内修外炼，才能成为这个时代的王者。

> 永远比对手快一步

天下武功，唯快不破。企业在互联网+时代要想获得更好的发展，就必须占据更大的市场份额，赢得更多消费群体的青睐。而要想达成这些目标，最稳妥的办法就是比对手快一步。如此才能占据先机，先对手一步占领市场。

苹果当年为何能一飞冲天，在转瞬之间就干掉了手机行业的巨头诺基亚，成为手机行业的新霸主呢？原因就是乔布斯懂得运用互联网思维思考问题，他深知如果以自己的实力和诺基亚正面交锋，在资金实力、市场规模、企业知名度等关键制胜条件都远不如对手的情况下，正面交锋无异于以卵击石。所以只有另辟蹊径，领先对手一步，才能战胜对手。

于是，乔布斯将手机研发方向定位为智能手机，因为当时诺基亚专注的是功能手机。所以，带有强烈的乔布斯风格的苹果手机一代问世后，立马受到了全世界的青睐，苹果公司凭借这种超前的定位和领先对手一步的手机产品，一举打破了诺基亚的霸主地位，自己则扛起了手机行业先驱者的大旗，成为新一代霸主。

曾经有两个猎人在森林里打猎，但因为天降大雨，他们的猎枪和火药都淋湿了，望着无法使用的猎枪，两人都叹了一口气，准备打道回府。谁知事不凑巧，正当两人准备按原路返回时，却发现一只巨虎挡在了他们面前，正虎视眈眈地盯着他们看。一阵惊慌过后，猎人甲赶忙从背包里拿出一双跑鞋并迅速换上。

猎人乙好奇地问换跑鞋的猎人："你换跑鞋有什么用呢？你就是穿上再好的跑鞋，你也跑不过老虎啊！"猎人甲淡定地说："我只要跑过你就行了。"

我们抛开伦理与道德，不得不说猎人甲是非常有智慧的。但只要我们再深入地思考一下，也不难得出这样一个结论：老虎就是市场，猎人甲和猎人乙相当于两家企业，哪家企业能够在弱肉强食的丛林法则中生存下来，主要取决于哪家企业跑得更快。也就是说，谁的速度快，谁生存的概率就大。

尤其是在讲究速度制胜的互联网+时代，只有做到快，才能把握住更多的市场先机。毕竟，在这个转瞬间便风云变幻的互联网+时代，差之毫厘谬以千里已经成为一种常态。互联网+时代和传统商业时代有着本质的不同，后者遵循的是"大鱼吃小鱼，小鱼吃虾米"的弱肉强食的丛林法则，而前者遵循的是"快鱼吃慢鱼，慢鱼没得吃"的效率法则。

当O2O行业逐渐成为一种潮流时，荣昌公司董事长张荣耀敏锐地意识到这是一种千载难逢的商机。所以，在他有了这个转型想法后，就立马召开了一场高层会议。公司的八位总监级以上核心人员悉数参加。在这场会议上，张荣耀第一次抛出了自己要打造"e袋洗"这一服务产品的想法。听着张荣耀的这一大胆提议，所有参会人员都提出了反对意见，他们的理由很一致，这种服务产品模式至今还没有哪家企业获得过成功。

此时，张荣耀力排众议，理由只有一个："当其他企业已经在这方面获得了成功，我们企业还有机会吗？只有敢于吃螃蟹，做领头羊，企业才能战胜对手。"于是，在那次会议上，荣昌公司正式确定了推出"e袋洗"这一战略产品。

e袋洗是一款建立在移动互联网基础上的服务产品，也就是按照O2O模式创建的洗衣服务产品，它是互联网+传统洗衣的产物，但它区别于传统洗衣按件计费的洗衣模式，它将洗衣服务标准化，顾客只需将待洗衣

物装进指定洗衣袋里（按袋计费，想在袋子里装多少都可以，只要装得下就行），通过移动终端预约上门取件时间，2小时内有专门的取送人员上门取件，洗好的衣物会在72小时内送回。

e袋洗推出后，由于还没有任何竞争对手，加之e袋洗服务质量很高，营销推广非常全面，在短时间内就取得了很大的市场份额。如今，经过两年多的发展，e袋洗已经成为O2O洗衣服务领域的知名品牌，更是消费者选择洗衣服务时的第一选择。

其实，e袋洗这款服务产品，其他专业的洗衣公司同样可以做到。但为什么只有e袋洗成功了呢？因为它比对手快，在对手还没有发觉这一商机的时候，它就已经推出了该产品；当对手意识到该产品可以带来良好业绩，并跟风推出该产品的时候，e袋洗已经在市场上站稳了脚跟，赢得了消费者的青睐。此时的竞争对手要想超越它或者颠覆它，已经非常困难了。

互联网+时代，是一个一步慢步步慢的时代。要想不落后于人，就必须永远比对手快一步，为此才能占据更多的市场先机，成功的可能性才会更大。

快一步展现在很多方面，可以是服务的速度快，也可以是产品迭代的速度快。但不管是哪方面，一旦领先，就必须时刻保持领先，丝毫不可懈怠。否则，成功是难以持久的。正如美智管理咨询公司的副总裁、畅销书作家亚德里安·斯莱沃斯基所说的："从来都没有一次成型的产品。如果你想要吸引到持续的需求，那么就要从产品上市那一天起，不断完善你的精进曲线。"

当然，快并非是企业制胜的唯一性条件，如果企业一味盲目地追求快，而不顾产品或服务的质量，那么同样是不行的。因为在追求快的过程中出了重大过错，就会给消费者带来非常恶劣的体验，这对于企业后期的发展非常不利。所以，只有把握好了速度与质量之间的最佳平衡度，快，才会形成真正的竞争优势。

> 尽最大的可能为用户提供最好的体验

我们在第二章五大特色铸就互联网+时代里的"尊重人性"这个章节中粗略地提到过用户体验。用户体验的好坏，决定了消费者的满意程度。而消费者的满意程度，则决定企业的前途。一个不重视用户体验的企业是没有未来的。

因为消费者随时都会弃该企业而去。除非这个企业掌握了其他企业所不具备的资源。而在当今的互联网+时代，跨界融合蔚然成风，占据绝对垄断地位的企业应该凤毛麟角吧。任何一家企业，在失去了消费者的青睐后，都会被其他对手取代。

我们就以苹果手机为例，苹果手机以前一直遵循着不做大屏手机的原则，但随着市场的发展，消费者对大屏手机的需求越来越强烈，对苹果手机的4英寸屏幕越来越不满，很多喜爱苹果手机的消费者不得不忍痛割爱，转而购买其他大屏幕的手机品牌，比如三星、华为、小米。如此一来，导致的直接后果就是苹果手机的销售增幅出现了下滑。

所以，苹果公司不得不更改战略，放弃了只做小屏幕手机的原则，推出了大屏手机。于是，我们就看到了苹果6系列的大屏幕手机。这一事例也充分证明了即便强大如苹果，同样需要重视用户体验。如果不重视用户体验，就会有被用户抛弃的风险。

那么，现在互联网+时代，企业如何才能为用户提供最好的体验呢？这就需要企业能够做到以下几点。

1.以用户为中心

决定一家企业能否生存的关键条件，不是企业有多少资金，有多大规模，有多少产品，而是用户。没有用户的企业，产品给谁用呢？产品卖不出去，何来业绩和利润呢？没有业绩和利润的企业只有死路一条。所以，企业从一开始就应该建立一种正确的企业文化，要以用户为中心。

企业只有以用户为中心，在制造产品或服务时，才会站在用户的角度思考产品或服务的功能与用途。唯有站在用户的角度进行产品或服务的研发与制造，推出的产品和服务才能受到用户的青睐和认可。所以，只有真正做到以用户为中心，才能创造出让用户觉得是为自己量身定做的产品或服务。当企业做到了这一点，自然就可以给用户提供很好的用户体验了。

2.建立顺畅的沟通渠道

企业毕竟不是消费者，即便是站在消费者的角度思考问题，也很难做到面面俱到。所以，企业最好能够建立一个顺畅的沟通渠道，用来接收用户反馈来的各种有用信息。比如说，企业在推出一款产品前，可以通过沟通渠道与消费者进行交谈，让消费者对新产品提供一些有价值的信息。这样一来，未来生产出来的产品必然很接地气，因为吸取了消费者的建议，产品自然更符合消费者的需求。

在这一点上，小米公司堪称典范。为了更好地完善产品功能，小米专门设立了一个小米论坛。这个论坛，每天都活跃着大量的粉丝，这些粉丝会在论坛上讨论自己对手机的看法以及建议，小米公司会有专门的工程师在论坛上收集这些建议，然后将有用的建议融合到产品研发中。这正是小米公司创造出令世界震惊的小米速度的根源。它通过顺畅的沟通渠道，为消费者打造出了体验感良好的产品。

此外，沟通渠道的顺畅，还有助于企业在产品后期有更好的发展态势。企业在推出产品或服务后，自然无法保证产品或服务就是完美的。只有在用户使用过后，才知道需要改进的地方有哪些。

成立于1999年的乐友孕婴童是我国孕婴童行业领先的全国连锁零售企业，该企业从成立的那天开始，就一直非常注重用户体验。乐友孕婴童的创始人胡超女士创建乐友孕婴童的初衷，就是因为消费者在购买孕婴童产品时非常不方便，为了解决这一消费者痛点，她才下决心成立了乐友孕婴童。

自乐友孕婴童成立以来的17年间，其一直非常重视用户体验，并且和用户之间建立了畅通的沟通渠道。当用户提出想通过网站选择、购买产品时，乐友孕婴童就创建了网上商城；当智能手机开始普及，广大用户又建议乐友孕婴童能够打造个手机APP，于是在2014年9月16日正式上线了乐友手机APP；当用户反映无法体验网站上的产品，给选择产品带来了诸多不便时，乐友孕婴童邀请亿欧网参加了在北京蓝色港湾举办的以"Hi互联网+"为主题的首届母婴智能产品体验节，即全新O2O体验店揭幕活动。在传统互联网化门店的基础上，全新的O2O体验店增加了线下海淘体验专区和母婴智能产品体验专区。

如今，乐友孕婴童在和用户不断地沟通下，变得越来越完善、越来越具有竞争力。它已经正式推出了"连锁店+网上商城+APP"线上线下

全渠道的一体化母婴零售解决方案，成为一家互联网企业。

所以，只有让用户能够随时随地地将使用体验反馈给企业，企业才能更好地改进产品或服务，使产品或服务更加完美。而产品或服务更加完美的同时，用户体验感也会得到同步提升。

3.不断创新

没有用户喜欢一成不变的产品或服务，再好的产品或服务，时间一久，都会使人失去兴趣，这是由人的秉性决定的。面对一款失去兴趣的产品或服务，用户的体验感自然会大打折扣。所以，企业只有不断地进行创新，才能为用户提供最好的体验。一旦创新停止，用户的体验就会受到影响。这时候，企业对用户的吸引力就会逐渐降低。

诚然，企业要做到不断的创新并不容易，甚至是一件非常艰难的事情。但企业可以进行微创新，这也是迭代产品最常用的一种战略手段。只要不断地进行微创新，用户的体验感同样会得到一定的提升。

总之，用户体验是指引企业发展的指明灯，是促进企业产品或服务更加完美的推动器。企业只有重视用户体验，才能为用户提供越来越好的体验。

> 做到五化：在线化、碎片化、个性化、去中心化、去中介化

互联网+时代和传统商业时代，最明显的不同就是商业模式的不同。因为在互联网+时代，整个市场环境都发生了翻天覆地的变化。市场环境的变化，必然倒逼企业管理的进化和转型。因为企业管理如果不进化和转型，不仅难以扩展市场，甚至连原有的市场都难以保全。

举一个很简单的例子，以往的客户都在大街上挖掘，只要占据了人流量不错的临街店面，就可以拥有良好的业绩。但如今到了互联网+时代，客户并不在大街上，而是在手机上、电脑上，也就是说，在线上（互联网上）。你在大街上盲目地发传单，远远没有在线上进行精准营销更有效。

所以，企业要想在互联网+时代立于不败之地，就必须与时俱进。而企业要想真正做到与时俱进，提升自身在互联网+时代的竞争力，就应该做到"五化"。

1. 在线化

从来没有一个时代可以像今天这样深刻地改变消费者的生活习惯和购物

行为。如今，随着智能手机的普及，移动互联网技术的成熟，致使人们每天除了睡觉、洗澡、吃饭的时间，都是手机不离手，甚至连吃饭时间也是边看手机边吃饭。绝大多数人每天在网上的时间超过了10个小时，其中手机在线的人群占据了绝对比例。

所以，如果企业还一直把营销焦点放在线下的话，那么无疑是非常不明智的。因为消费者更愿意在有限的时间里在网上浏览商品，随时随地地下单购买。所以，企业应该将营销焦点放到线上，这里的潜在客户群最大。只有通过一些技术手段将线上产品或服务展现给消费者，才可以获得不错的业绩。

2.碎片化

随着互联网+时代的开启，PC端的作用正在逐渐降低，手机移动端已经占据主流，因为手机移动端使用起来更加方便、快捷。比如消费者在等公交、排队、坐车甚至是上厕所的间隙，都可以拿出手机把玩一下，在把玩的过程中，就可以浏览或挑选自己想要的产品，并下单购买，这些都是在分分钟内就可以完成的事情。

所以，企业必须重视碎片化这个特征，尤其是在进行营销时，要充分利用碎片化营销，虽然所花的时间很短，但往往可以收到事半功倍的效果。比如说，如今已经被消费者广为使用的饿了么、滴滴快的等应用，就是充分利用了碎片化这一营销模式。它们通过为用户设置一个贴近用户实际生活的场景，让用户在亲切自然中被触发打动，随心接受商家提供的信息，从而使商家达成自己的营销目的。

比如说，饿了么会通过搜索定位和归纳分析等技术手段，在饭点时间通过微信"附近的人"这一应用功能向你的微信推送一些就近用餐的服务信息，而消费者正好可以在等车、等电梯的间隙看到这条信息，从而前去消费。这就是碎片化营销的威力。

3.个性化

互联网+时代，消费者的需求将会更加个性化，这种现状导致的直接后果就是以往企业青睐的大规模生产模式，也就是先生产后销售的方式被消费者抛弃了，消费者开始非常反感这种落后且毫无特色的营销方式。所以，企业必须求新求变，向个性化方式转变。个性化定制生产以客户提出的个性化要求为生产基点，采取及时生产、及时销售、及时发送的方式，是一种需求拉动型生产模式。

2015年3月7日，作为全球家电第一品牌的海尔集团，为了迎接互联网+时代的风暴，在郑州正式创建了海尔空调智能互联工厂，并全面开始投产，这也是全球首家智能互联空调工厂。海尔集团的此次创新与变革，颠覆了传统家电制造业的制造模式，在很大程度上推动了整个传统家电行业大规模定制的转型，从根本上开启了"用户造空调"的批量定制时代。

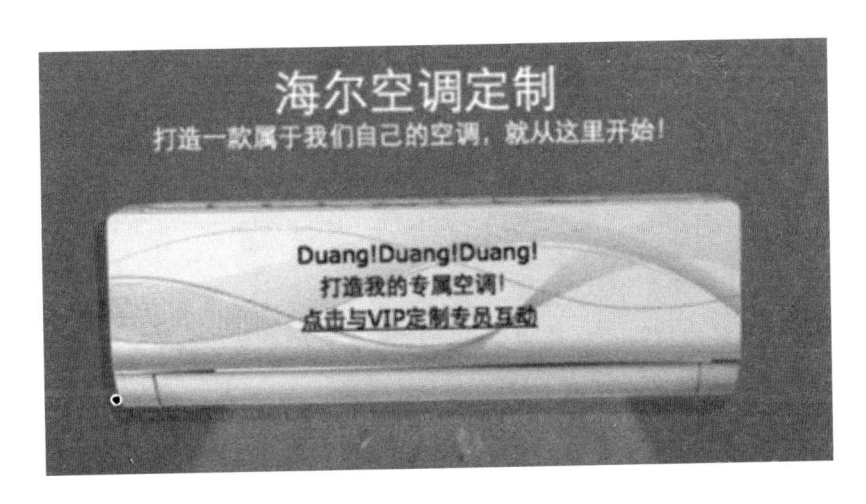

在传统企业时代，即便企业想向消费者提供个性化定制服务也难以如愿。因为那时候各方面的条件都不完善，企业无法和消费者进行有效的沟通和对接。而到了互联网+时代，企业和消费者之间的沟通机制已经非常成熟，比如企业可以通过APP、论坛、线上售后服务等渠道随时随地地接收用户的反馈，从而更高效地探索、研究、发现消费者的需求变化，进而进行产品迭代，使产品更符合消费者的要求。

个性化定制主要以顾客需求为导向。比如说，以往的手机基本上都是黑、白、粉、红等颜色。但当消费者提出更喜欢金色手机的建议时，手机制造商就开始大量生产土豪金、香槟金、玫瑰金等金色手机。这种个性化定制的营销方案，极大地促进了手机制造商的业绩。所以，企业在进行个性化定制营销时，应该多和消费者沟通与接触，充分了解他们的真实诉求。

4.去中心化

去中心化作为一种术语，它的专业名词解释是逐渐地脱离服务器、客户机的集中存储、指向访问的模式，而是以分散存储、网格等分布式存储模式取代。而在互联网+时代的商业领域，它的意思则是指企业要逐渐抛离掉以自我为中心的经营模式，转变为一个开放的平台。

就连一向封闭保守的腾讯，如今也越来越倾向于去中心化。因为它深知不去中心化，无异于作茧自缚。只有去中心化，使自己的平台更加开放，才能吸引到更多的合作伙伴。目前腾讯打造的微信平台，就是一个很好的例证。

微信目前的功能已经非常强大，这也是它广受欢迎的重要原因。很多企业、商家都将微信作为重要的流量入口，比如它们会通过微信二维码扫描、公众号推送信息、朋友圈分享等功能来实现免费"吸粉"目的，不用向微信官方支付任何费用。也就是说，即便微信官方不提供任何支持和资源，它们也能借助微信上的各种功能进行"吸粉"，这就是去中心化的最佳范本。

或许有的企业会认为，企业一旦去中心化，就会失去话语权。其实，这种观点有失偏颇。去中心化不是目的，只是手段。在互联网+时代，节点比中心更重要。因为互联网+时代为口碑营销创造了非常肥沃的生存土壤，使其成为一种非常重要且得力的营销方式。三五个客户就可以带来几十甚至上百的直接宣传对象，这要比中心化的宣传更加快速和有效。

如果企业能够开放平台，进行去中心化，那么就可以吸引更多的合作伙伴在自己的平台上为用户提供服务，与对手形成竞争壁垒。这其实是一种隐性的"集权"方式，但是带来的竞争力要强大得多。再退一步讲，在跨界融合已成趋势、营销手段层出不穷、信息流通越来越通畅的今天，企业如果还想集权，还想以自我为中心，早已行不通了。

5.去中介化

传统商业时代，由于信息的传播和获取还不发达，所以很多商业模式都不得不依靠中介来完成。这里的中介范畴非常广泛，可以指中间商、黄牛，也可以指电视广告、传单广告或者一些专业的推广平台企业。企业只有经过这些中介，才能将产品或者服务信息尽可能大范围地传播给消费者。

而到了互联网+时代，移动客户端的技术已经非常成熟和普及，任何企业都可以通过自己的APP、微博、微信公众号或者其他移动平台来和消费者、客户进行互动和交流，将企业的产品或服务信息直接推送到消费者面前。中介在这一过程中已经没有丝毫作用和价值。

并且更为重要的是，企业去中介化可以节省掉至少一个中间流程，这无疑可以大大降低产品或服务的成本，降低的成本部分不仅会提升企业的盈利水平，还通过让利给客户，使客户得到更高性价比的产品或服务。这无疑是一箭双雕的好事情。

总之，这"五化"都是一家企业在互联网+时代站稳脚跟，传统企业顺利转型成互联网企业的标配。缺少了任何一个，都会使企业的竞争力大打折扣。

掌握数据资源，制定精准决策

互联网+时代，数据就是财富，就是最宝贵的石油和金矿。一家不注重数据资源的企业，是没有前途和未来的。互联网+时代，每时每刻都会产生各种各样的数据，这些数据在一定程度上反映着企业状况的好坏与优劣。但是，这还不是最重要的。

最重要的是企业是否懂得充分利用这些数据，将数据蕴含的价值充分挖掘出来。互联网+时代，已经完全不同于以往的传统商业时代。众所周知，传统商业时代，一家企业的发展方向、决策等，主要是根据企业管理者的经验和感觉来制定的。

但到了互联网+时代，这种拍脑袋作决策的方式已经行不通了。因为这个时代发展太快了，常常是短短几个月甚至十几天的时间，市场的方向就已经变得大不相同。如果这时候还依靠以往的经验和感觉来作决策，那么势必会南辕北辙。所以，我们一定要了解数据资源的重要性，并学会充分应用数据资源的技能，如此才能根据自己掌握的数据资源，制定出精准的决策，从而推动企业的发展和竞争。

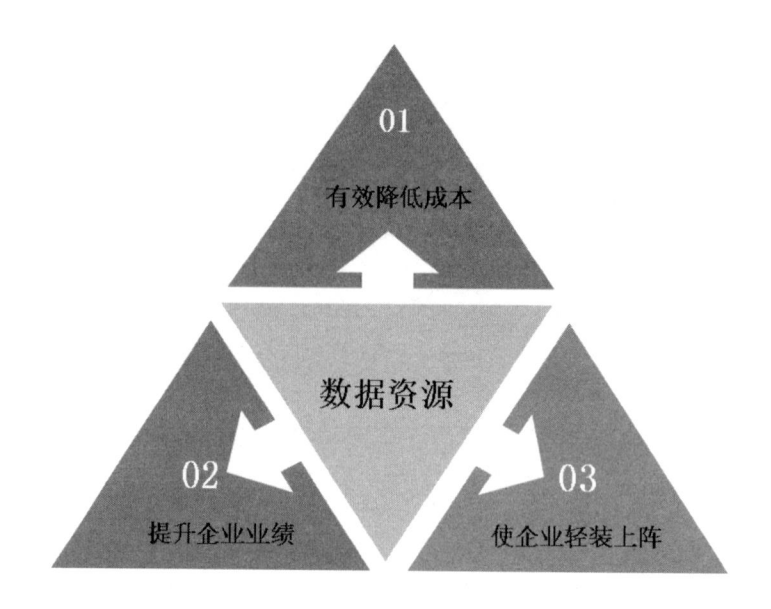

```
            01
        有效降低成本

            数据资源

    02                  03
 提升企业业绩          使企业轻装上阵
```

1.数据资源可以有效降低成本

不管是互联网+时代还是传统商业时代，任何决策的失败，都会使企业遭受一定的损失，这种损失自然会计入企业的生产成本上。而有了数据资源，企业在作决策时，就不会受到过多人为因素的干扰，这种决策无疑会更加理性、精准。

我举一个很简单的例子：一家生产笔记本电脑的公司，在销售过程中，掌握了很多数据，比如购买者大多是20岁左右的年轻人，他们更为青睐色彩明亮的金色和白色笔记本电脑，并且希望笔记本电脑的尺寸能再大一点。那么这些宝贵的数据资源就可以为企业提供更为精准的决策。

既然数据表明客户主要集中在20岁左右的年轻群体，那么这些客户主要分布在大学校园里，企业可以据此将这些高校场合作为重点营销目标，在大学生经常逛的论坛上、网站上等进行广告营销。

既然数据表明客户更喜欢色彩明亮的金色和白色笔记本电脑，那么企业就应该多生产这两种款式的笔记本电脑，相应地减少其他色彩深沉的笔记本电脑的生产量，这样可以有效地减少库存和货物积压率。

既然数据表明客户喜欢屏幕尺寸更大一点的笔记本，那么企业就可以在原有基础上研发出尺寸更符合用户意愿的迭代产品，这样有利于产品打开销量市场。

由此可知，如果不懂得收集数据，不懂得挖掘数据资源的价值，那么企业就无法及时有效地更改营销方向和生产决策。这样造成的直接后果就是目标受众不清晰，投入过多的推广费用却难以收到良好的营销成果。更糟糕的是，还会生产出市场不欢迎的产品，这会给企业带来严重的库存积压和滞销，增加企业的生产成本，降低企业的生产效益。

2.数据资源可以提升企业业绩

有了数据资源，企业就可以依靠这些数据资源在短时间内完成决策分析，制定出新的营销方案。因为数据资源是绝对不会骗人的，它真实有效，可以告知我们客户的消费行为、价值取向、兴趣爱好甚至是从事的行业、职务等，企业可以根据这些数据行为分析出客户的购买需求。

比如我们在网站上浏览一款产品的时候，网站上就会跳出"可能感兴趣的产品""猜你喜欢""购买此商品的人还购买了……"等板块提示，这些板块提示都是大数据分析的结果，它可以帮助消费者在短时间内物色到自己中意的产品。当然，更为重要的是，它可以提升企业的业绩，让企业在最短的时间内卖出最多的产品。

3.数据资源能使企业轻装上阵

在传统企业时代，企业的管理方式和管理组织往往显得过于庞大，甚至是臃肿，企业所有的决策都必须由最高层管理者来作。比如企业的发展战略、市场开拓方向、产品渠道建立等，都要依赖信息的层层汇集、收敛来制定正确的决策，再通过决策在组织的传递与分解，以及流程的规范，确保决策得到贯彻。从收集信息到最终决策，再从决策下达到贯彻，需要层层级级的组织和严格的流程，这无疑会让企业显得笨拙和臃肿。但这在传统企业时代，却是最为有用的一种方法。

如今，企业有了海量数据资源，就完全可以改革，甚至是颠覆以往的传统管理方式。因为大数据时代的决策已经不是由管理者的思想、经验、意志来作决策，而是由详细的数据分析来作决策。所以说，真正的决策者是数据。这就可以确保企业内部只要通过大数据的分析与挖掘，就可以随时作出正确的决策。而至于作决策的是高高在上的CEO，还是一线人员，本身并无大的区别。所以，有了数据资源，企业就可以简政放权，轻装上阵。

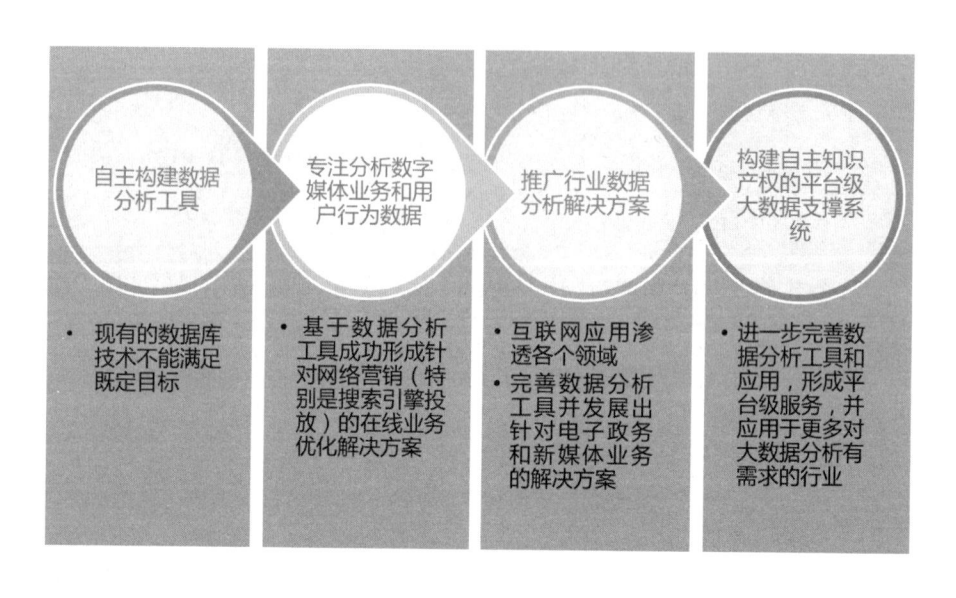

自主构建数据分析工具	专注分析数字媒体业务和用户行为数据	推广行业数据分析解决方案	构建自主知识产权的平台级大数据支撑系统
• 现有的数据库技术不能满足既定目标	• 基于数据分析工具成功形成针对网络营销（特别是搜索引擎投放）的在线业务优化解决方案	• 互联网应用渗透各个领域 • 完善数据分析工具并发展出针对电子政务和新媒体业务的解决方案	• 进一步完善数据分析工具和应用，形成平台级服务，并应用于更多对大数据分析有需求的行业

当然，利用数据资源制定精准决策是绝对正确的战略方向，但问题的关键是，大数据技术的战略意义不在于掌握庞大的数据信息，而在于对这些含有意义的数据进行专业化处理。在于提高对数据的"加工能力"，通过"加工"实现数据的"增值"，使其可以为企业作决策发挥作用。

所以，企业是否具备数据的收集、分析、处理能力，则显得最为关键。由于这些能力必须要有专业的人员才能完成，企业如果不具备这种能力，那么就应该培养这方面的人才，如此才能切实地掌握这方面的技术，将数据资源的价值充分挖掘出来。

> 不懂互联网+O2O，企业就无法生存

我们在前面已经讲过，互联网+时代，传统企业要想生存，要想打造强大的竞争力，就必须积极地重塑基因，打造全新的企业金身，向互联网模式方向靠齐。而传统企业要想向互联网模式方向靠齐，最好的办法无疑是开展O2O模式。因为无论是新的经营模式，还是新的营销体系，都绕不开O2O。

其实，无论是传统企业转型互联网+企业，还是互联网企业强化自身在互联网+领域的竞争力，都需要懂得互联网+O2O，因为在当下，O2O是互联网+战略落地的最好模式。所以，企业一定要懂互联网+O2O，如此，企业才会有未来。

长期以来，废品回收一直被人们看做是一种又累又脏又没有技术含量的工作，所以很少有人愿意做这种工作，即便这一行业的利润并不低。不过，很多人都知道，废品回收看似不起眼，但却是我们生活中必不可少的一种行业。因为我们在日常生活中往往会产生不少废品，这些废品如果随意扔掉的话，不仅占用空间，还白白浪费了资源，如果能将它们卖掉换成钱，则显得实惠得多。

可是，我们往往又存在一些痛点，比如想妥善处理废品时却因为无法及时联系上回收人员而耽误了事情；比如怕回收人员素质不好，给家里带来安全隐患等。为了解决用户的痛点，有很多企业对自己以往的经营模式进行了改革，开始利用互联网+O2O的模式开展业务。

比如成立于2014年的"再生活"公司，是我国首家基于移动互联网的再生资源运营商和日用品周期宅配的服务商。该公司通过运用"再生活"APP、"再生活"微信公众服务号为消费者提供上门回收废品服务。如今经过一年多的发展和摸索，"再生活"已经吸引了北京、上海等一线城市的近30万用户，每天的订单量超过了一万个。

废品回收领域的互联网+O2O

- 再生活APP
- 淘弃宝 APP
- 回收哥APP
- 换钱 APP

看到这个案例，你是否会感到震惊。时代的变革日新月异，如今连回收废品的企业都开始利用互联网+O2O模式来开展业务了，这实在是不可思议。其实，类似"再生活"公司这样的企业并不少，很多企业在废品回收领域都推出了这样的服务平台，比如"回收哥""淘弃宝""换钱"等，都是业界内比较知名的服务平台。

长期专注于资源回收利用领域，有着"城市矿山第一股"的上市公司格林美在2015年7月，推出了"回收哥"APP产品，这是我国首个全方位分类回收互联网平台。经过几个月的发展和探索，"回收哥"在荆门、武汉、深圳、广州4个城市整编了3000多个回收人员，单日废品回收量已突破300吨，成为我国废品回收行业的领军人物。

在格林美推出"回收哥"不久后，"淘弃宝"也在2015年8月正式上线，虽然无论从规模方面还是资金实力方面来看，"淘弃宝"都没有"回收哥"强大，但"淘弃宝"也有着明确的战略规划。目前"淘弃宝"把主要业务范围集中在北京市五道口、学院路、回龙观、知春路、望京等区域，2016年将进军广州、深圳、西安、成都等地，并自建分拣中心完善物流体系。

"换钱"和"再生活"非常相似，都是把业务范围集中在回收行业本身，为广大用户提供便民的废品上门回收服务。目前"换钱"还处于起步阶段，没有建立电子支付体系，所有交易现金结账。加盟的回收人员从用户手中购得或者捡拾到废品后转卖给"换钱"，后者再转卖给加工处理企业。

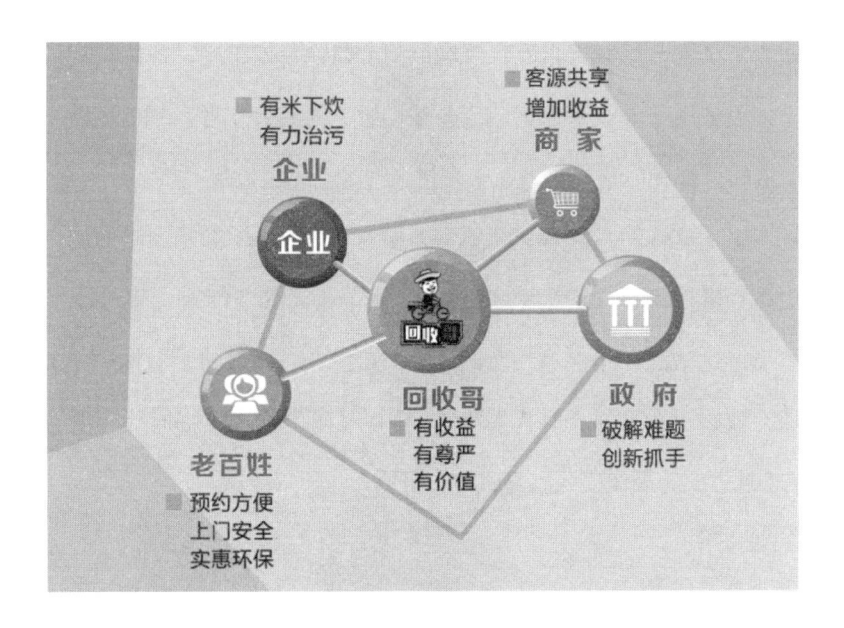

虽然这些废品回收服务平台所采用的运营细节不尽相同,但它们利用互联网+O2O模式开展业务,进行企业运营的做法,确实如出一辙。这些事实都告诉我们,在互联网+时代,企业只有与时俱进,运用互联网+O2O模式,才能更好地开展业务,提升业绩。

曾经如日中天的小米,如今却面临着发展受阻,被竞争对手围困的局面。究其原因,就是因为小米在O2O模式上存在着很大的缺陷。小米从创建之初,就将自己定位为互联网企业,当时为了轻装上阵,所以只专注于线上销售渠道。但是,成也线上渠道,败也线上渠道。线上渠道给小米带来了很大的发展红利,但也让其如今的发展受阻。

当其他竞争对手借鉴了小米的线上销售模式后,小米以往独特的发展优势就消失了。而其他竞争对手从一开始就有线下销售渠道,它们线上线下相结合,就可以形成合力,更好地占领手机市场。而小米由于缺少线下体验店的支持,自然出现了助推力不足,后续发展乏力的疲态。

如今，小米开始完善自己在互联网+O2O领域的布局，开始重视线下渠道，比如更多地开设小米之家，与很多手机专卖店合作等。相信随着小米对线下渠道的重视和完善，小米在未来将会迎来新一波发展高峰。

就连小米这样的互联网企业新贵，面对互联网+O2O的来势汹汹，都不得不更改企业战略，调整运营模式，其他企业又如何能置之事外呢？如果企业不懂得这一点，不会运用互联网+O2O模式，或者排斥互联网+O2O模式，那么就必定会被这个时代淘汰。因为在目前的互联网+时代，能够使互联网+战略落地的最佳模式就是O2O。

第五章

互联网+金融：为金融插上腾飞的翅膀

互联网+时代，一切都可以+，可以+一切。作为经济发展的核心，金融自然也不例外。随着互联网+时代的日益深入，互联网+金融彰显出的威力也越来越大，它不仅深刻地改变了我们的生活习惯和方式，还极大地推动了企业和经济的发展，为我国实现金融普惠、极速交易、经济腾飞奠定了坚实的基础。

> **互联网+支付：弹指之间完成交易**

支付和互联网+时代的数据一样，都是互联网+时代平稳发展的基石。毕竟，国家提倡互联网+战略，就是为了推动经济更好地发展。而经济和支付是息息相关的，支付是经济发展的底层基础，只有支付手段跟得上，才能为互联网+时代的经济保驾护航。所以，互联网+支付就成了互联网+时代最显著的特色。

互联网+支付，顾名思义就是借助互联网这个工具来完成支付过程。随着这几年的发展，互联网+支付已经发展得非常成熟，且形成了非常可观的市场规模。

长期研究中国互联网行业的艾瑞咨询集团这些年来发布了很多有价值的统计数据，这些统计数据甚至成为很多企业制定发展战略的参考依据。根据艾瑞咨询公布的统计数据我们可以得知，在2014年，中国第三方互联网支付交易规模达到80767亿元，同比增速50.3%。而这一数据在

2015年又被刷新了：2015年第二季度，中国第三方互联网支付交易规模达到28136.5亿元，同比增长52.9%，环比增长15.7%。

需要注意的是，这些统计数据中的统计对象，主要是指千万级规模以上的非金融机构支付企业，也就是真正的互联网企业，不包括银行、银联。

互联网+支付领域的兴起和飞速发展，是金融互联网化的一个最佳注脚，也是互联网+时代的最佳标志。毕竟，互联网+时代的很多交易都要在网上进行。而有了互联网+支付这一渠道，才能确保网上支付畅通无阻。

互联网+支付作为互联网+时代的战略要塞，其战略价值的重要性不言而喻。因为谁掌握了互联网+支付这一工具，谁就相当于成了互联网+时代的守门人。守门人占有的资源是非常丰富的，尤其是数据资源。试想一下，你通过一种支付工具进行交易支付时，所产生的数据被谁掌握了呢？没错，就是这个支付工具。

在这个数据就是金矿和石油的时代，支付工具有了丰富的数据，就相当于拥有了雄厚的财富，这会极大地提升支付企业的竞争力和决策力。更何况，消费者在使用支付工具时会产生庞大的资金流，这些资金流短期内也是一笔非常可观的财富，可以提升支付公司的资金实力。也正是因为这些，在互联网+领域，战火纷纷，厮杀不断，因为谁都不愿意错过这个重要关隘，错失扼住互联网+时代咽喉的机会。

所以，我们就看到了众多互联网企业巨头在互联网+支付领域掀起的移动支付大战，各方"豪杰"使用各种手段攻城略池、跑马圈地，无所不用其极。刺刀见红、贴身肉搏，激烈拼杀的戏码不断。但是，有竞争才有发展，有对手才有进步。随着互联网+支付领域的多年竞争，如今这一领域的环境已经颇为成熟，格局也大致确定了下来。

1.支付宝

纵观我国当下的互联网+支付领域，最为引人注目的要属支付宝了。支付宝是阿里巴巴旗下的金融支付产品，它的诞生揭开了我国互联网+支付战略的开端。支付宝凭借着淘宝多年来积累的庞大的用户基础和被称为互联网金融第一"宝宝"的余额宝，一举成为我国市场规模最大的互联网支付工具。它的存在甚至给我国传统金融机构银行这个巨无霸都带来了极大的压力，逼迫银行不得不转型，向互联网金融领域靠近。

所以，生活在当今的互联网+时代，无论你是企业还是消费者，都一定要有自己的支付宝账户。有了它，你在互联网时代的生存，就会方便快捷得多。

2.微信支付

除了支付宝，微信支付是我国目前互联网+支付领域的第二霸主，它虽然市场规模没有支付宝高，但是凭借雄厚的用户基础，未来仍然会有很大的发展空间。而支付宝也把微信支付当成自己最大的对手。截至2015年第三季度，微信月活跃账户数达到了6.5亿。这一数据放眼我国境内乃至世界社交软件市场都是非常彪悍的。加上腾讯旗下的QQ用户群体，微信支付的发展空间不可限量，也最有实力颠覆支付宝的霸主地位。

如今，无论是在线下商场、街边小店，还是线上商家提供的支付服务，都可以看到支持微信支付的提示。所以，如果你是企业主，尤其是中小企业，最好能够开通微信支付，因为当下玩微信的人，基本都开通了微信支付。这样既给消费者提供了方便，也为自己提供了方便。

3.银联在线

严格地说，银联在线和支付宝、微信支付并不属于同一类型，因为银联是中国银行卡联合组织，通过银联跨行交易清算系统，实现商业银行系统间的互联互通和资源共享，保证银行卡跨行、跨地区和跨境的使用。它属于传统金融机构的产品。

银联在线是中国银联在互联网+支付领域的业务延伸，也是为了适应互联网金融时代所做的战略选择。由于其用户基础比较薄弱，互联网基因比较淡化，所以不是支付宝和微信支付的对手。不过，随着银联在线对互联网+时代的重视，以及银行机构开始纷纷互联网化，未来银联在线的市场份额还会有所提升。

除了上面这三个支付巨头，还有很多在互联网+时代背景下产生的支付创新企业，同样深受消费者青睐，比如汇付天下、快钱、易宝支付、百度钱包、环迅支付、网银在线等。而正因为有了它们的存在，互联网+支付领域的发展才能更加全面和迅速，互联网+时代才更加朝气蓬勃。

在互联网+时代，互联网+支付将会成为一种不可违背的主流趋势。因为这个时代讲究快捷、快捷、再快捷。有了互联网+支付，交易才能更加快捷，才能在瞬间完成。所以，要想在这个时代生存，无论你是消费者还是企业，都应该熟悉互联网+支付。

互联网+小贷：P2P呈"井喷"之势

P2P，作为当下的互联网金融领域中最火的一个分支，它正在被越来越多的人认可和接受。P2P作为互联网+小贷的产物，它和传统的小贷原理是相同的，贷款者都是为了融资，不同的是P2P是在线上直接进行的。P2P是英文Peer to Peer或者Person to Person的缩写形式，即点对点、人对人。

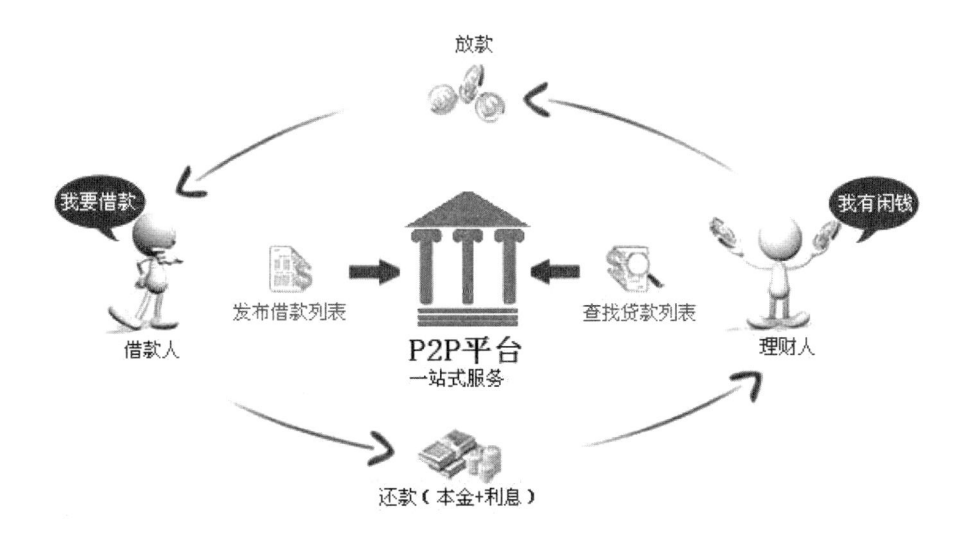

P2P的整个交易过程也很简单，个人或法人通过独立的第三方网络平台相互借贷。也就是说，P2P网贷平台扮演的是中介的角色，为资金的供需双方建立直接的借贷关系创造稳定的网络环境。详细一点地说就是，P2P平台的主要作用是通过一定的交易制度设计，为借贷双方提供相应的信息发布、资质判定、撮合等服务，在提供这些服务的过程中，建立一定的规则，对平台上的金额、期限、风险、利率等因素进行匹配，让借贷双方签署具有法律效力的电子合同，满足双方的需求并保障双方的权益。

P2P网贷的产生，给我国经济带来了很大的助力，被人们视为互联网+时代最先释放的红利。因为P2P极大地解放了金融交易领域的生产力，其主要表现在以下三个方面。

1.让更多的中小微企业可以解决融资难题

长期以来，我国传统金融机构对于中小微企业都不够热情，不愿意将资金贷给它们，主要原因是这些中小微企业存在经营风险，没有大企业稳定。还有一个原因是，花费同样的人力物力，银行从大企业获得的效益要比中小微企业高得多。所以，没有了银行这些金融机构的支持，中小微企业在发展过程中常常受到资金链断裂的掣肘，这也成为很多中小微企业死亡的主要原因。

与此同时，摆在我们面前的还有另一个难题。我国最新的《全国小型微型企业发展报告》指出，截至2013年年底，全国各类企业总数为1527.84万户。其中，小型微型企业1169.87万户，占到企业总数的76.57%。将4436.29万户个体工商户纳入统计后，小型微型企业所占比重达到94.15%。并且这些小微企业吸纳中国1.5亿就业人口，已成为社会就业的主要渠道。由此可见，小微企业对我国社会的发展起着巨大作用。如果再加上中型企业，那么这个作用就要更上一层楼了。

如今，有了P2P，这些中小微企业就可以极大地改善融资难的困境。只要自身企业资质齐全，并且有良好的信誉，那么就可以在P2P平台上进行融资。

2.能为消费者提供更多的投资渠道

就像一个硬币的两面，有融资就有投资。既然有那么多企业在P2P平台上进行融资，自然也会有很多消费者在P2P平台上进行投资。并且，由于P2P平台上的投资回报利率比银行的定期存款利率都要高得多，可供选择的投资项目也非常丰富，所以更受消费者欢迎。有了消费者的青睐，P2P就有了存活的土壤。

3.贷款申请流程简单

相比于传统的小贷公司和银行这些金融机构，企业通过P2P申请贷款的流程就要简单得多。毕竟前者要经过复杂而又烦琐的验证流程和抵押流程，还要经过漫长的审批等待，这些都极大地降低了企业的贷款体验。而对于那些想创业又没有资金和抵押物的个人来说，是根本不可能在小贷公司和银行贷到款的。

但是P2P平台不一样，它的贷款流程非常快捷，融资企业或者个人只要根据平台上的指示填写相应的信息，然后提交申请，当平台通过申请后，就可以在短时间内获得贷款了。也就是说，P2P基本上实现了随时随地、随借随还。只要你有一部智能手机，并拥有良好的征信状况，就能在线申请小额贷款。无论是临时周转还是支持自己的消费需求，都能快速收到救急的借款。

P2P的种种益处，使其获得了高速成长。P2P从在我国出现伊始，短短几年间，便发展到了几千家平台的规模。截至2015年12月底，国内的网贷平台数量达到2595家。而早在2015年11月底，全国P2P行业累计交易规模已达1.25万亿元，仅2015年前11个月行业交易规模就达到了8400亿元。

任何新生事物的高速成长，都不可避免地带来泥沙俱下的场面。其实只要我们认真观察一下过往几年P2P平台的发展状况，就会发现这一领域发生了很多平台跑路、倒闭、提现困难的问题。其实发生这些问题的症结在于平台门槛过低、征信体系的不健全和风控的难以把握。而随着互联网+战略的逐步成熟，未来我国会不断完善P2P发展过程中的各种短板，确保P2P行业健康平稳地发展。

P2P网络借贷发展走向			
不规范时代	井喷时代	立法过渡时代	监管时代
高息时代 操作不规范 资金不透明 项目不透明 风险极其高 进入要求低 非法吸资普遍	平台大量进入 骗子人群进入 恶意竞争出现 跑路开始出现 倒闭出现 新的投资人进入	跑路频繁出现 倒闭频繁出现 利率开始下调 大型集团开始进入 被收购现状出现 周期开始变长 平台开始转型	周期长 费率低 平台进入要求高 借款方式多样化

P2P网贷作为互联网+时代的金融旗帜，它让更多的人获得了贷款和投资的权利，非常符合互联网"开放、平等、协作、分享"的精神，并且为社会经济的发展注入了鲜活的力量，所以受到了人们的认可和青睐。所以，无论是企业还是个人，无论是融资者还是投资者，都应该了解P2P，让其为自己的生活贡献力量。

当然，P2P网贷虽然能推动社会经济的发展，能给企业和个人带来很多益处，但由于目前发展还不够完善，有些平台还不合格，这就会给融资者和投资者带来很大的困扰。所以，我们在选择P2P平台时，一定要选择那些资质齐全、风控能力强、平台规模大的平台。比如人人贷、宜人贷、陆金所、和信贷、人人聚财、拍拍贷、红岭创投等平台。

总之，只有深入、详细地了解P2P，发掘它的价值和优势，才能更好地获取它给这个时代带来的金融便利。尤其是对于企业来说，如果能够充分利用P2P这个融资渠道，那么在互联网+时代，就不会受资金链的掣肘，这无疑可以使企业更专注地开展自己的战略规划。

互联网+众筹：草根创业者的融资"乐园"

我国第一家众筹平台诞生在2011年，平台名称叫"点名时间"，经过几年的发展，当初的"点名时间"如今已经完成了转型，成为中国最大的智能新品限时预购网站。虽然"点名时间"如今已经退出了众筹领域，但是它在我国众筹领域仍然具有重要的历史意义。因为有了它的探路，我国众筹领域才迎来了高速发展的春天。

首先我们来简要地了解一下什么是众筹。众筹是指以感谢、实物、作品、股权等作为回报形式，通过互联网平台向公众或特定的人群募集项目资金的新兴融资方式。一般由发起人、支持者、平台构成。众筹具有低门槛、多样性、依靠大众力量、注重创意等特征。

2016年1月中旬，一则《2016中国互联网众筹行业发展趋势报告》出现在了人们的视线中。这则报告是融360大数据研究院与中关村众筹联盟联合发布的，报告中显示，截至2015年底，全国正常运营的众筹平台达

303家，全国众筹平台分布在21个省份。北京的平台聚集效应较为明显，有63家平台，其中38家为股权类众筹平台。其中2014年和2015年这两年众筹平台数量的增长最为显著，这主要得益于互联网+战略的快速推进。

众筹分为四种类型，即募捐制众筹、奖励制众筹、借贷制众筹、股权制众筹。而未来最被行业看好的当属股权制众筹，所以股权制众筹将会成为未来众筹领域的主要发展方向。并且截至2015年年底，在正常运营的众筹平台中，股权类众筹平台数量高达121家，占全国总运营平台数量的39.93%。其中北京中关村的声势最为浩大，这里出现了股权制众筹类企业扎堆的现象，包括天使汇、京东金融、因果树、蝌蚪众筹、原始会、一八九八咖啡馆、36氪、天使街、京北众筹、考拉众筹等知名股权制众筹平台都聚集于此。

众筹的四种类型

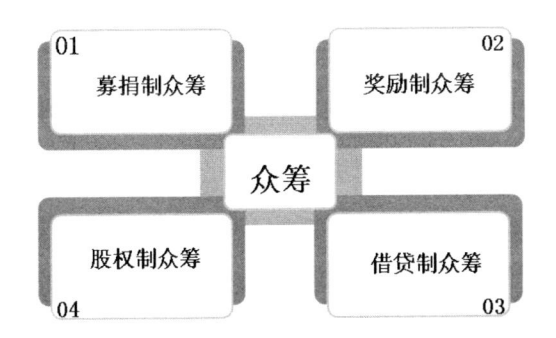

```
01 募捐制众筹        02 奖励制众筹
           众筹
04 股权制众筹        03 借贷制众筹
```

众筹作为互联网+金融的产物，它给这个时代带来了极大的便利，它不仅为企业和创客开辟了一种新的低门槛的融资渠道，还在营销、战略等方面带来了诸多变革。比如说，众筹能够帮助企业或创客解决很多在他们看来非常棘手的问题，诸如筹钱、筹物、筹人才、筹资源等。所以，众筹能为他们提供非常切实的帮助。

如果在以往，你觉得一个没有任何积蓄的女大学生，不依靠亲朋好友，完全凭借自身的能力在短短半个月的时间内，能筹集到10万元去承包一座茶山吗？无疑这是非常困难的，但是在互联网+时代，有了众筹这个融资利器，想要做到这一点，并不困难。今年24岁的中国传媒大学毕业生王晓湘就通过自己的亲身经历向我们证明了这一点。

90后姑娘王晓湘出身茶农家庭，2014年6月第一次接触到众筹这一融资方式后，便对众筹产生了极大的兴趣。在仔细研究了众筹的种种事项后，她便毅然回到家乡，决定通过众筹来改变当下的茶业经营模式。

2014年7月，王晓湘和8个小伙伴一同创办了"不知名茶"工作室，并利用众筹的方式，在15天内筹集到了10万元资金，众筹包了一座山头，此次参与众筹的有66个人。2014年12月，"不知名茶"团队辗转六省，又通过众筹的方式包下茶园11960亩，约1000多座茶山，包含"绿、青、红、黑"四大茶类、十余个品种。

"不知名茶"工作室通过众筹的方式承包茶山的故事迅速在互联网上蹿红，获得了极高的名气和荣誉。在2015年5月，王晓湘和她的"不知名茶"团队还应邀参加了在意大利米兰举办的世博会，并在中国场馆部分向世界展示了中国茶的魅力与风情。

如今，这位通过众筹的方式勇敢包下1000座茶山，摇身一变成为茶山女王的姑娘，一举在2015年3月27日成为央视《创业英雄汇》舞台上最耀眼的明星，她创造的这个项目，也成为《创业英雄汇》舞台上估值最高的项目：90后＋互联网＋众筹＋茶＋经验＋热情＝2个亿！目前，王晓湘和她的团队正在给山联网，打算在山上架设视频系统，让参与众筹的人在百度上一搜就能够搜得到看得到。她相信，把这些茶山都搬到线上以后，就能够有一个引爆效应。看来，在未来，王晓湘和她的团队依然会把众筹当作企业营销和运作的主要战略方向。

通过王晓湘的这则故事，我们可以看出众筹给这个时代带来的诸多红利。在几年前，一个人要进行创业，可谓难如登天，尤其是面对事业初创阶段时的融资难题是最为让创业者头疼的事情。如今有了众筹，这一问题则可迎刃而解。即便你没有一分钱，但只要你有技术、有创意、有资源，那么你就可以通过众筹来实现自己的梦想。其实，众筹除了作为一种融资渠道，可以帮助企业和创客解决资金难题外，还具有很多优势，尤其是以下两点。

1.探索市场

无论是企业还是创客，在进行众筹时，都可以借助众筹来探索产品在市场上的受欢迎程度。当众筹项目在众筹平台上展示时，支持者在参与众筹的过程中对预期产品的态度或提出的个人意见，都相当于一种真实的市场反馈，这不仅可以帮助发起人更好地对产品进行完善或升级，还可以有效规避发起人因盲目生产所带来的风险和资源浪费。

参与众筹的支持者越多，反响越热烈，就说明产品比较受市场欢迎，有一定的市场空间。同时项目发起者还可以根据支持者的建议，进一步完善和升级产品；如果项目的支持者寥寥无几，这说明产品的市场前景堪忧，项目发起人应当三思而后行。

2.降低创业失败的风险和压力

在以往的创业过程中，我们完全是凭借一己之力来创业。比如说，我们要开办一家公司，需要50万元的启动资金，经过一个多月的辛苦筹借，终于凑齐了这笔资金。但是公司开业后，如果经营失败，那么创业者就要独自一人来承担创业失败的后果，50万资金欠账会压得我们喘不过气来。如果有了众筹，我们可以通过股权众筹的方式来创业，20个股东，每个人平均出2.5万元的资金就可以开办公司。这样即便创业失败，每个人最多只亏损2.5万元的资金，不用承受如此大的压力。同时，通过众筹，还可以借助众人的智慧作出更好的决策，提升创业成功的概率。

所以，互联网+时代，要想把握住更多的机遇，获取更多的资源，对于众筹这一互联网+金融的产物，就不能视而不见。即便你只是一名普通的消费者，同样需要重视。因为它可以让你买到更多优惠且极具创意的产品，甚至还会让你成为一名股东。毕竟，众筹也是一种不错的投资渠道。

互联网+保险业：网络保险生态圈隐现

互联网+金融产生的巨大推动作用，涵盖了我国经济的每个领域。作为金融领域重要支柱的保险业，自然也不例外。纵观这几年保险业的发展状况，我们可以看到互联网+保险的态势已经初具规模。

因为无论是互联网保险公司，还是传统保险公司，都看到了互联网+的威力。有了互联网+的助力，保险公司就可以一举改变以往"代理人在哪里，保险交易和服务在哪里"的局限性，拓宽代理人的业务半径，并且通过互联网+数据的威力，可以更精准地找到目标客户，这无疑可以极大地提升保险公司的工作效率和业绩。

2016年伊始，互联网保险行业就接连爆出众多喜讯，捷报频传。比如多家险企一天保费就突破百亿，比如富德人寿生命一天保费突破100亿元，平安人寿突破200亿元，而中国人寿个险渠道一天则实现保费收入400亿。这种种骄人业绩，令有着"开门红，全年红"行话的保险业兴奋不已。

其实，深入了解一下当今的保险行业，就会发现互联网+在保险行业业绩不断飘红的过程中起到了至关重要的作用。因为在互联网+时代，以移动互联网为代表的新技术给中国保险业带来了一个弯道超车的机会，这对推动行业转型升级意义重大。

正如中国保险行业协会秘书长刘琦在2016年1月举办的第十三届中国财经风云榜保险分论坛上所说的："2015年互联网保险的发展非常迅猛，已突破2000亿元规模，参与互联网保险业务的公司突破100家。相信随着下一步车险改革、人身险费率市场化改革等改革的进一步深入和推进，保险业，互联网保险的场景化、高频化、碎片化的产品推出将更加频繁，会进一步深深挖掘出潜在的保险需求，进而整合保险、医疗、健康、养老等等上下游产业链，最终促进保险业供给侧的有效挤出。"

如今的保险行业和其他行业一样，都已经意识到了互联网+这一营销工具的特殊作用，并试图借助互联网+来提升保险行业的业绩和规模。值得庆幸的是，对于未来，保险行业已经有了明确的规划。

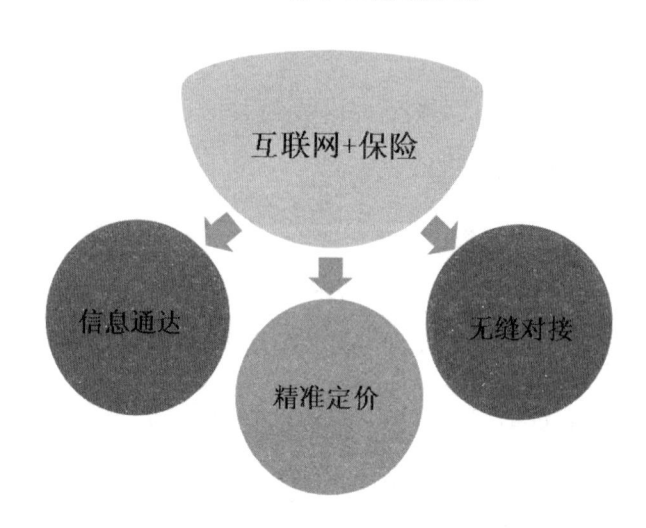

1.利用互联网+技术实现信息通达

传统商业时代，保险行业一直采用的是以产品销售为导向的经营理念，而如今，随着消费者需求的变化和社会经济结构的重构，这种以产品为中心的商业模式已经走到尽头，如不及时改变，就只有被淘汰。毕竟，在如今这个产品多样化、消费者选择权至上的互联网+时代，如果有一家互联网保险公司在网上向消费者提供了信息和价格都非常透明化的产品，那么消费者自然会选择这家保险公司的产品。

至于其他仍以保险公司和营销员为主导的保险产品，消费者则会选择无视。有时候即便不是无视，也因为看不到这些产品而与之失之交臂。所以，谁的产品更容易被消费者接受便了然于胸了。更何况前者是消费者在网上自主选择的产品，而后者则是由保险公司和业务员推销，消费者被动接受。所以，前者的消费体验更加愉悦。

因此，保险行业只有借助互联网+，将所有的产品都搬到线上，扩大消费者的知情权，让消费者可以随时随地地了解产品的详细事宜和种类，并进行货比三家，这样才能更好地笼络住客户，赢得客户的青睐。互联网+时代，树立以客户为中心的经营理念，碾平客户与企业之间不对等的鸿沟，赋予消费者前所未有的知情权和选择权，要想做到这些，就必须借助数字化、网络化、智能化的技术，而这正是互联网+时代衍生出的产业新生态。

2.利用互联网+技术实现精准定价

通过目前保险行业的发展态势，我们可以看出消费者的保险消费热情正在稳步提升，很多人已经把保险消费当成一种投资渠道，这一趋势也注定了未来保险消费行业将会有更加美好的春天。而在消费者的保险消费热情日益高涨的当下，如何才能让消费者获得更好的消费体验呢？这是现今保险行业正在思考并着手解决的问题。

解决这一问题的最佳办法就是通过互联网+技术，探究、挖掘、捕捉客户的真实需求，并对客户群体进行细分，创新开发个性化、定制化的保险产品，并通过数据分析实现精确定价，甚至实现一人一价，变革甚至颠覆传统的精算理论。只有摒弃以往的大一统定价原则，为不同的客户群体提供不同标准的产品和定价，才能吸引到更多消费者的目光，提升企业的业绩。如果还是因循守旧，继续走同质化、复制化的老路，那么最终只有死路一条。

3.利用互联网+技术实现企业与消费者的无缝对接

传统商业时代，保险产品的购买过程非常烦琐，保险公司才是整个交易过程的中心环节。也就是说，保险公司在哪里，保险交易和服务就在哪里。人们要购买保险或者接受理赔，必须亲自去保险公司所在地。这无疑给保险消费者带来了诸多不便。而随着互联网+技术的普及，很多保险交易与服务都可以在网上直接进行，整个过程只需要几分钟，且全程无纸化、数字化和智能化。无疑，这种交易过程可以给消费者带来方便、快捷、高效的良好体验。

也就是说，通过互联网+保险，消费者可以随时随地随意地在网上购买自己中意的产品，进行投保和投资理财。互联网+时代的伟大之处就在于此，它可以帮助保险公司实现"前中后台融合、端到端交付"的商业模式变革，塑造持续的内生动力。

成立于2013年11月6日的众安保险，是我国第一家互联网保险公司，并且其模式不同于任何一家保险公司，因为它除了注册地上海之外，全国均不设任何分支机构，完全通过互联网进行销售和理赔服务。就是这样一种令人陌生和大胆的模式，却在短短两年多的时间里，伴随着互联网+的爆发式发展，迅速成为可与小米、滴滴等巨头相提并论的独角兽公司。

众安保险无论是在操作模式还是产品模式，都极具另类和创意情怀。这一点我们可以通过它推出的保险产品得知一二。

比如众安保险推出的"步步保"产品。"步步保"和传统的健康险不同，它既方便又有趣。用户只要带着小米手环走满一万步，当天就可以免缴保费，而如果没有走满一万步，用户则需要支付非常小额的保费。除了小米手环，"步步保"还可与其他智能穿戴设备，乃至健身器、跑步机连接。这种保险产品一经上线就受到了广大年轻消费者的欢迎，短短时间内就赢得了几十万用户的芳心。

还有2015年11月初推出的"保骉车险"，更是开创了我国首个O2O

共保车险的先河。"保骉车险"是众安保险公司和股东平安集团联合推出的，众安保险公司负责所有的互联网投保服务，平安集团则保障所有的地面售后理赔。如此一来，就实现了线上线下相结合的保险模式，但这并非亮点。最大的亮点在于众安保险通过互联网+技术，将每个车主的驾驶习惯结合进来，双方共同核保风控，从而实现了从"一类一价"向"一人一车一价"的跨越。

从众安保险公司的运作模式和产品特性来看，我们可以很明确地发现，它是保险行业在互联网+时代的集大成者。以上我们所说的保险行业对于未来的明确规划，即利用互联网+技术实现信息通达、实现精准定价、实现企业与消费者的无缝对接，它都做到了。也正是因为这一点，使它获得了非常迅猛的发展速度。截至2015年11月30日，众安保险服务的客户数量达到3.56亿，承保保单33.62亿。2015年双十一当天，众安的保单总数创纪录地突破2亿单。而这一成绩是所有保险公司梦寐以求的。

总之，保险行业只有借助互联网+时代的各种有利条件，积极地建立自己的保险生态圈，才能顺利完成转型升级，实现弯道超车，使企业的互联网+保险战略成功落地。

第六章

互联网+制造业：让私人定制成为潮流和必然

时代的剧烈变革，必然导致消费者生活习惯、生活需求的转变，而消费者爱好的转变，又将对制造业产生强烈的冲击。在这个消费者越来越崇尚个性化、另类化、独特化的今天，制造业如果不能满足消费者私人定制的需求，必然会被消费者抛弃。所以，制造业必须进行变革，必须借助互联网+这一创新源动力，实现传统制造到智能制造的转变，如此才能满足消费者的私人定制的需求，才能实现企业的迭代和蜕变。

互联网+时代，制造企业的最佳转型机遇

不仅仅是在中国，放眼全球，制造业始终都是经济发展的中心。一个国家制造业的强盛与否，在很大程度上决定了该国家的竞争力。制造业越发达，国际竞争力就越高；制造业水平越落后，国际竞争力就越低。

而当今全球经济面对持续下行的压力，在互联网经济席卷全球的大背景下，所有国家的制造业都在进行艰难的转型。凡事有弊必有利，虽然经济下行，生存压力增大，但互联网经济却给制造业带来了新的生机，使其看到了新的转型方向和崭新的希望。

尤其是对于我们中国来说，我们的制造业虽然也有很大的规模和体量，但和世界发达国家的制造业水平相比，我国还有很多比较明显的劣势。所以，我国制造业更加希望能够借助新的发展模式实现弯道超车，提升我国制造业的水平，进而向世界制造业舞台的中心迈进。

互联网+传统广告造就了百度，互联网+传统集市造就了淘宝，互联网+传统卖场造就了京东，互联网+传统银行造就了支付宝。这种种商业模式的

变革、业务模式的蜕变，给我国制造业带来了极大的启迪。

互联网+正是制造业长期以来梦寐以求的新发展模式，有了互联网+制造业，我们就可以造就工业4.0时代，通过互联网+来实现弯道超车，一举实现和世界先进制造业水平的接轨。而随着互联网+被当作国家级战略大力、持续推进，互联网+制造业的融合越来越深入，正在形成一种崭新的局面。

如今，已经有很多企业巨头开始借助互联网+这一威力无穷的新模式开始了轰轰烈烈的转型之路，并且经过一段时间的探索和发展，已经掌握了很多技术和流程。而这些企业在借助互联网+转型的过程中，基本上都是向着无人工厂、智能制造转型。

比如我国的家电巨头海尔，通过对互联网+制造业的探索，如今在沈阳的互联工厂10秒钟就能下线一台冰箱。该工厂通过打造自动化、智能化的生产线，搭建信息化、数字化信息系统，率先建成了企业与用户需求数据无缝对接的智能化制造体系，在数据实时共享的基础上实现智能生产。

而另一家电巨头长虹也在互联网+制造业领域做出了非常出色的成绩。长虹企业利用互联网+技术，使制造、物流、财务、营销、研发等运营环节全面信息化。长虹利用自身打造的智能系统管理平台，实现了互联网、大数据、云到智能制造、智能研发和智能交易等各个环节的贯通，使生产设备具有"生命意识"，信息可以在不同的设备之间"流动"，而不再是单一而独立的个体。更令人惊讶的是，长虹公司研发的生产线可同时生产8款电视，每5.5秒就有一台电视下线。

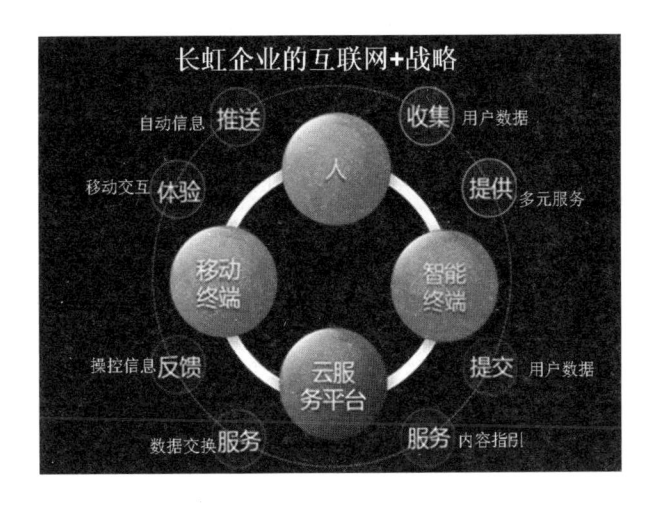

无论是海尔的10秒钟下线一台冰箱，还是长虹的5.5秒钟下线一台电视，它们采用的都是互联网+制造业的模式，通过高度集成的自动化制造模式及用户需求信息无障碍流通的信息系统，共同造就了当前令人震惊的"互联网速度"，并且整个生产过程实现了无人化或少人化，这是一种非常伟大的进步和变革。

而未来的互联网+制造企业，将会给制造企业带来巨大的蜕变机会，以往那些看似不可能实现的蓝图，都会在互联网+时代成为现实。因为互联网+制造企业，不是简单的联网，而是将互联网+作为一种具体路径和智能工具，将其和制造企业本身深入地融合到一起，从而为智能制造的形成创造条件。

同时，为了确保互联网+制造企业能够获得成功转型，我国政府也是从多方面进行了鼓励和支持。毕竟，制造强国是发达国家的重要标志之一，而我国目前还只是制造大国，离制造强国还有很长的路要走。有了互联网+这一重要利器，我国制造业在走向制造强国的道路上就可以实现弯道超车。这也是我国政府如此重视互联网+制造企业的缘故。所以，从这一方面来说，我国制造企业应该积极地和互联网+融合，毕竟有政府的全力支持，成功的可能性就大得多。

继李克强总理在2015年3月的十二届全国人大三次会议上的政府工作报告中首次提出互联网+行动计划后，国务院又在2015年7月4日发布了关于积极推进互联网+行动的指导意见。显然，这一次的指导意见要比上一次的行动计划详细得多，提出了11个方面的互联网+重点行动。在互联网+制造企业方面，提出重点领域推进智能制造、大规模个性化定制、网络化协同制造和服务型制造，打造一批网络化协同制造公共服务平台，加快形成制造业网络化产业生态体系。

紧随其后，2015年12月14日，中国工业和信息化部又发布了贯彻落实《国务院关于积极推进互联网+行动的指导意见》的行动计划（2015—2018年）的通知，这份行动计划明确提出，到了2018年，我国的互联网与制造业融合进一步深化，制造业数字化、网络化、智能化水平显著提高。

这一波又一波的政策支持和战略方向引导，必会确保我国制造企业转型成功。所以，我国制造企业一定要珍惜这千载难逢的机遇，加快新一代信息通信技术与工业深度融合。当有一天，我国制造业在数字化、网络化、智能化方面获得了成熟的技术，那么我国的制造业就可以正式走向世界，走向制造强国。

机遇就在眼前，抓住了就意味着成功，错过了就意味着被淘汰。所以，在这个关乎传统制造企业生死存亡的关键时刻，制造企业一定要重视这个时代的机遇，把握住互联网+的意义，让其成为企业升级转型的核心动力。

互联网+，让制造企业的一切都通连起来

在这个急剧变化的时代，制造业传统的生产模式早已跟不上时代的步伐，大规模生产、大规模销售的生产模式已经不被消费者青睐。如果还不知改革，最后不仅要被竞争对手淘汰，还要被消费者抛弃。而失去了消费者认可的企业，是难以生存下去的。

众所周知，互联网+时代，传统制造企业的转型只有互联网+制造业这一方向，因为互联网+制造企业的战略核心就是将工厂、产品和智能服务通连起来，而这正是制造企业的核心竞争优势所在，也是企业赢得消费者青睐的最大利器。毕竟，没有消费者不喜欢为自己量身定做的产品。而将工厂、产品和智能服务通连起来的互联网+制造业，最大的特色就是为消费者提供量身定做的产品。

下面我们先来看一下传统制造业一直遵循的大规模生产的生产模式和互联网+制造业遵循的个性化定制生产的生产模式的区别。

大规模生产与个性化生产模式对比

对比类型	大规模生产	个性化定制生产
聚焦点	通过稳定性和控制力取得高效生产	通过灵活性和快速响应来实现多样化和定制化
目标	以几乎人人都能买得起的低价格研发、生产、销售、交付产品和服务	研发、生产、销售、交付买得起的产品和服务，使产品具有足够的多样化和定制化，几乎人人都能买到自己想要的产品
关键特征	◆稳定的需求 ◆统一的大市场 ◆低成本、质量稳定、标准化产品和服务 ◆产品研发周期长 ◆按预测数量生产 ◆大规模生产，待销产品导致库存成本提高	◆分化的需求 ◆多元化的细分市场 ◆低成本、高质量、定制化的产品和服务 ◆产品研发周期短 ◆按订单数量生产 ◆产品及时生产和发送，库存成本几乎为零

2014年，西门子、博世、蒂森克虏伯等世界知名的制造企业的相关专家在一场交流会上，就专门针对互联网+制造业的核心问题进行过讨论。他们的观点是一致的，即互联网+制造业的核心其实是连接，即通过互联网+这一平台，将设备、生产线、工厂、供应商、产品、客户紧密地连接在一起。这种观点简而言之就是互联网+制造业的核心是将工厂、产品和智能服务连接起来。

也就是说，衡量一家制造企业是否真正跨入互联网+制造业的门槛，就看其是否具备了将工厂、产品和智能服务连接起来的能力。不具备这种能力，那么就不能说自己真正跨入互联网+制造业的门槛。而只有真正具备这种能力，才能获得核心竞争力。

作为我国食品饮料行业的知名品牌娃哈哈，常年跻身于中国制造业企业500强的上游位置，这家一直以追赶潮流为己任的企业，当互联网+兴起之时，它也玩起了互联网+制造业的生产模式，并试图再次引领食品饮料制造行业的潮流。并且，这一互联网+战略早在互联网+还未兴起之时就已经开始了。

2012年，娃哈哈创始人宗庆后带领集团内的所有技术骨干开始自主研发机器人，因为他深知机器人是未来互联网+制造业的必备条件之一。所以，经过艰苦的研发，娃哈哈集团现在已经自主研发了码垛机器人、放吸管机器人、铅酸电池装配机器人、炸药包装机器人等。此外，还开发了低惯量永磁同步伺服电机、永磁伺服直线电机、高效力矩电机、高效异步电机。

在完成了诸多高新技术的储备后，娃哈哈集团如今已经和海尔、富士康这些巨头企业一样，为自己生产车间内的大部分生产设备都配置了

娃哈哈的互联网+制造业战略成果

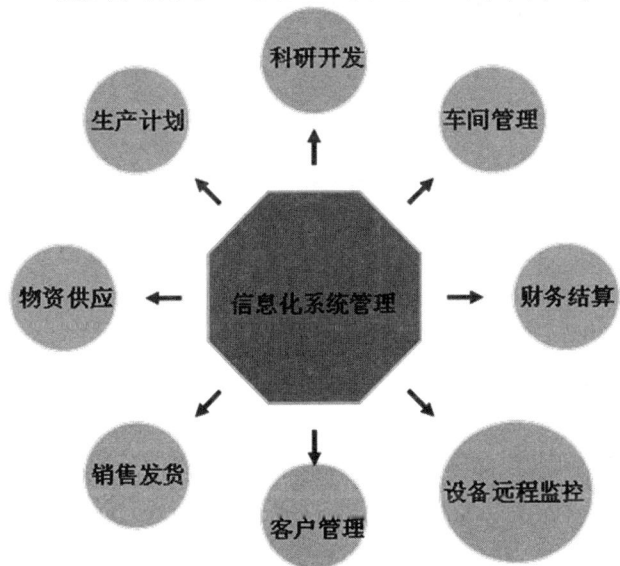

信息化系统管理
- 科研开发
- 车间管理
- 财务结算
- 设备远程监控
- 客户管理
- 销售发货
- 物资供应
- 生产计划

相应的工业机器人。工业机器人的应用，可以促使娃哈哈从营销到生产的过程更为便捷与流畅。

如今，随着娃哈哈在互联网+制造业领域的进一步探索，它已经初步完成了对互联网信息技术的改造，具备了将生产计划、物资供应、销售发货、客户管理（包括对经销商、批发商的管理）、设备远程监控、财务结算、车间管理、科研开发等全部嵌入信息化系统管理的能力。如此一来，不但明显提升了娃哈哈集团的工作效率，还大大降低了生产成本。

未来，娃哈哈集团将会进一步深入探索互联网+制造业，以期实现像海尔互联工厂那样的定制生产模式。所以，在不久的将来，无论你想喝什么口味的娃哈哈饮料，只要一键定制，娃哈哈集团就会把你想要的饮料送到你家中。

身处互联网+时代的制造业，一定要明确一个本质，就是互联网+作为一个万物互联的时代，它的使命就是通过企业的信息物理系统，将传感器、嵌入式终端系统、智能控制系统、通信设施等编制成一个智能网，使产品与生产设备之间、不同生产设备之间、虚拟数字世界和现实物理世界之间最终实现互联互通，最大限度地解放生产力。

当制造企业的一切都通连起来后，整个企业的生产流程就变成了智能生产，有了"生命意识"。比如说，海尔互联工厂在生产一台冰箱之前，整个生产流程都会有一种"这款冰箱是哪位客户定制的产品、这款冰箱需要在何时制造出来、平台上的哪组参数可以用来处理这款冰箱、这款冰箱最终将被送到哪里去、什么样的材料需要继续供给、需要什么样的工序来保证并加速整个生产的进程"等意识。

而接下来的生产过程就是根据定制用户的习惯、喜好等显性需求，以及该用户身份、工作生活状态等隐性需求进行智能生产。这也是互联网+制造业与传统制造企业之间的本质区别。

所以，制造企业一旦和互联网+实现了完美的融合，那么就会锻造出一种强大的竞争力。往往只需要一个指示，一切流程都会在智能状态下自动完成。毕竟，互联网+制造业的成功意味着智能工厂能够自行运转，零件与机器可以进行交流，实现了生产过程中的自我感知、自我适应、自我诊断、自我决策、自我修复等。

互联网+家居："智能"火爆，从概念走向现实

在当下的互联网+制造业领域，最火的无疑是互联网+家居，即智能家居。2014年，智能家居在我国还只是一种概念，但是到了2015年，智能家居在我国却已经被众人所知，其在产业内的发展也是如火如荼。

如今，智能家居作为未来家居产业的风口，已经得到了众多企业的重视，它们也纷纷竞相出海，意欲在这一蕴藏着无限财富和机遇的领域占得一席之地。毕竟，如果传统的家居制造企业能够在智能家居领域争得一块地盘，那么对于未来企业的发展无疑是一股巨大的红利。

说到智能家居，则不得不提互联网+家电。互联网+家电作为互联网+家居领域的排头兵，无疑是智能家居领域最具风采的一个分支。据奥维咨询在2015年4月发布的《中国智能家电市场及用户调查报告》显示，中国有97%的消费者表示对智能家电非常感兴趣并有意向购买。同时，奥维咨询还对家电市场作了预测，2015年至2020年，智能洗衣机的市场渗透率将从15%增至45%；智能冰箱的市场渗透率也将从6%增至38%。

第六章 互联网+制造业：让私人定制成为潮流和必然

也就是说，未来几年内，我国的智能家电市场将呈现出爆发式增长。所以，在这里，我们有必要详细地了解一下智能家电的生产模式。了解了智能家电，就相当于了解了智能家居。而海尔集团在互联网+家居领域所作出的成绩，又无疑是我们了解互联网+家居的最佳标本。

早在2012年，海尔集团已经开始实践互联工厂，着力打造从按需设计到按需制造再到按需配送的体系。并且在当时就有一种超前的战略眼光。正如海尔创始人张瑞敏所说："大规模制造的生产模式必将被个性化定制的生产模式所取代。而要想从大规模制造转型向个性化定制发展，企业则需要从封闭平台转型为开放性平台。"

2015年3月7日，作为全球家电第一品牌的海尔集团，为了站上互联网+家居的风口，在郑州正式创建了海尔空调智能互联工厂，并全面开始投产，这是全球首家智能互联空调工厂。而在此之前，海尔已经在沈阳创建了海尔冰箱智能互联工厂。

2015年3月底，海尔推出的首批众创定制产品——海尔定制冰箱已经在天猫发布，推出了15款由跨界设计师设计的个性化产品，并且通过海尔和天猫平台上的50万用户投票选择的方式，选出了3个最受欢迎的系列。4月初，海尔和天猫官网对该批个性化定制冰箱开放线上预订活动，消费者可以随便订购自己喜欢的冰箱系列，并且首批预订用户还可以真正实现零距离参与产品智能制造的生产流程。2015年5月，海尔冰箱在郑州交付首批20台用户个性定制冰箱产品，这一事件意味着海尔家电正式开始个性化定制生产模式，叩开互联网+家居领域的大门。

海尔定制冰箱的整体流程包括：定制需求、定制内容、定制下单、订单确定、模块定制、装配物流、使用交互等关键性阶段。海尔集团的此次创新与变革，彻底颠覆了传统家电制造业的制造模式，在很大程度上推动了整个传统家电行业大规模定制的转型，从根本上开启了"用户造家电"的批量定制时代。

海尔定制冰箱的整体流程

定制需求 → 定制内容 → 定制下单 → 订单确定 → 模块定制 → 装配物流 → 使用交互

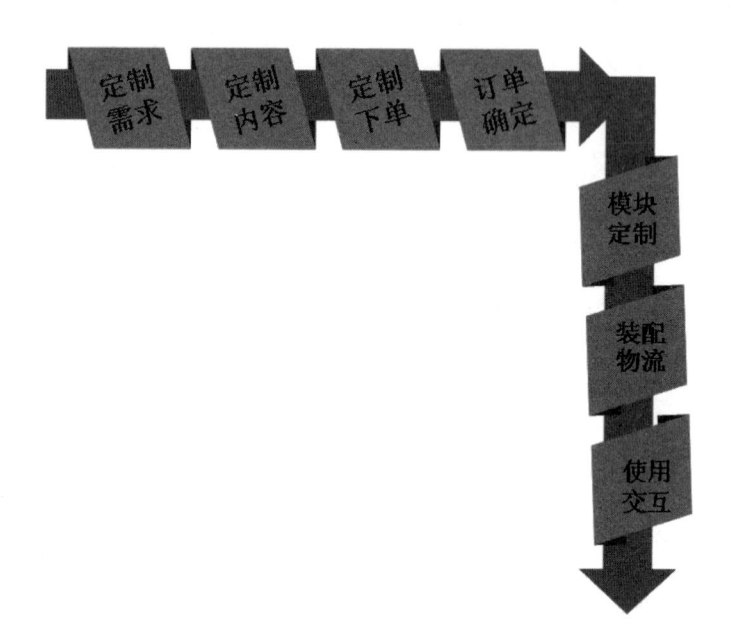

具有超前战略眼光的海尔集团自然知道互联网+家居的关键所在，那就是用户需求。如果无法掌握真实的用户需求，那么企业拥有再好的互联互通技术都无济于事，因为用户需求才是标靶。所以，要想在智能家居行业获得成功，首先就要解决用户需求这个关键节点。于是，海尔集团创建了名为"海达源"的模块商资源平台。

"海达源"平台作为海尔集团的搏杀利器，它是全球家电领域第一家为供应商提供在线注册、直接对接用户需求的零距离平台，具有开放、零距离、用户评价、公开透明的特征。通过该平台可以实现全球一流模块商资源的自注册、自抢单、自交互、自交易、自交付、自优化。

传统家电行业一直以来采用的都是"零组件采购—订单销售"模式，这种模式无疑要落后许多，因为考核它的主体是企业，而不是消费者，这就给企业获取用户真实需求造成了很大的障碍。而"海达源"平台的建立，模块商的注册、响应需求、方案选择结果、评价结果都会在该平台上获得最直观的体现。并且在这一过程中，考核模块商的主体已经不再是企业，广大用户才是真正对其进行考核的主体。如今，海尔已经拥有4000多家自注册模块商，平台上已经有近3000个交互方案为用户提供了相当完美的产品体验。

海尔在智能家电领域做出的成绩，已经足以为其他家居企业提供明确的参考体系。创建用户交互定制平台和模块商资源平台，是企业在智能家居领域获得成功的基本前提，这正是海尔以自身的实践和应用为所有同行带来的启迪。所以，家居行业的企业，需要以海尔为模板，并结合自身的特性，如此才能在智能家居的道路上走得更远。

如今，智能家居产业已经发展得如火如荼，各种产品层出不穷。比如智能镜子，它能对身体健康进行评测，提供合理的妆扮建议；比如智能喷头，喷头中内置的喷淋系统可根据室温及用户身体状况自动调节水温；比如可显示体重和体脂含量的地砖；比如如今异军突起的老板电器，它在2015年的中国家电博览会上展示了公司研发成功的互联网化的智能厨电应用——ROKI智能烹饪系统，该企业已经将显示屏做到了油烟机的产品上。

不过，任何新生事物的成长都需要时间。虽然我国的智能家居产业如今已经取得了很明显的进步，做出了令人惊叹的成绩，但这只是万里长征迈出的第一步。毕竟，在互联网+时代，智能家居将是我们生活的必需品。而其从技术成熟到市场普及，还有很长的路要走。所以，未来的互联网+家居将会呈现出更加火爆的成长速度，给我们的生活带来极大的便利。

中国制造2025，互联网+制造业的全新蓝图

告别产业的黄金时代，传统行业领域的制造企业大多都已经进入了"寒冬"，在倒闭潮、破产潮不断出现的情势下，那些有幸躲过破产倒闭一劫的企业纷纷开始进行转型，谋求变革。因为它们知道，传统的生产经营模式早已无法适应当今时代发展的脉搏。不转型，唯有死路一条。

更何况，如今的中国政府正试图把我国打造成一个制造强国，并推出了令世界瞩目的"中国制造2025"。"中国制造2025"是2015年3月5日，十二届全国人大三次会议在人民大会堂举行开幕会，国务院总理李克强作政府工作报告时提出来的。"中国制造2025"提出了我国制造强国建设三个十年的"三步走"战略，是第一个十年的行动纲领。它将立足我国转变经济发展方式实际需要，围绕创新驱动、智能转型、强化基础、绿色发展、人才为本等关键环节，以及先进制造、高端装备等重点领域，提出了加快制造业转型升级、提升增效的重大战略任务和重大政策举措，力争到2025年从制造大国迈入制造强国行列。

作为我国政府应对新一轮科技革命和产业变革的大手笔，"中国制造2025"带来的绝不仅仅是一两个产业的改造，它改变的是中国的工业结构，引领的是中国转型升级背景下的经济新动能。

而要想深入地了解中国制造2025，就要先阅读一下2015年5月8日国务院正式推出的《中国制造2025》一文。为了方便大家阅读，我将其制作成了二维码，大家只要用手机扫描一下下图的二维码，就可以看到《中国制造2025》全文。

在《中国制造2025》一文中，我国政府明确地写道："新一代信息技术与制造业深度融合，正在引发影响深远的产业变革，形成新的生产方式、产业形态、商业模式和经济增长点。各国都在加大科技创新力度，推动三维（3D）打印、移动互联网、云计算、大数据、生物工程、新能源、新材料等领域以取得新突破。基于信息物理系统的智能装备、智能工厂等智能制造正在引领制造方式变革；网络众包、协同设计、大规模个性化定制、精准供应链管理、全生命周期管理、电子商务等正在重塑产业价值链体系；可穿戴智能产品、智能家电、智能汽车等智能终端产品不断拓展制造业新领域。我国制造业转型升级、创新发展迎来重大机遇。"

这段话清晰地向我们阐明了"中国制造2025"与互联网+的关系。"中国制造2025"的主要表现形式是三维（3D）打印、移动互联网、云计算、大数据、机器人等，而这些都和互联网+息息相关，没有了互联网+的支持，三维（3D）打印、移动互联网、云计算、大数据、机器人等都难以正常运转。也就是说，有了互联网+制造业才能和互联网新技术深度融合，制造业的生产方式才能得以优化和提升，才能更好地向智能生产方向挺进。

"中国制造2025"的主要表现形式

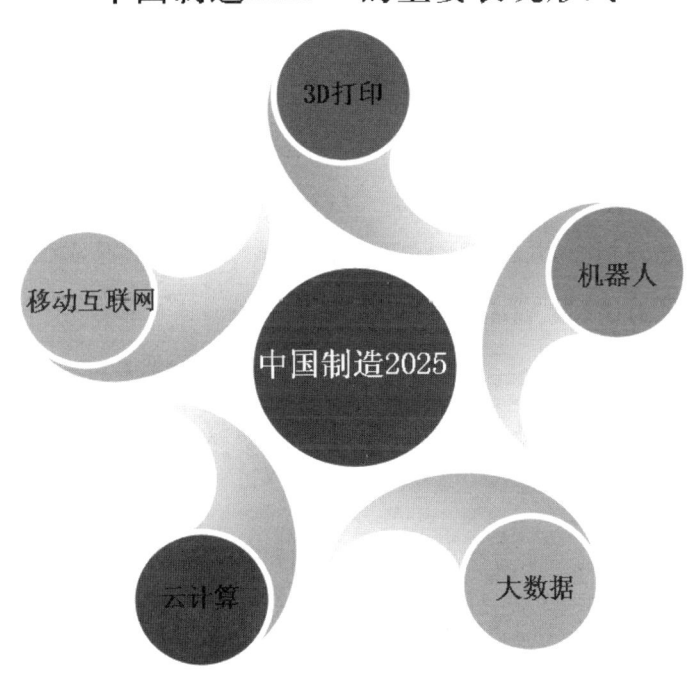

据相关数据显示，2012年我国制造业的增加值达到了2.08万亿美元，在全球制造业中占有20%的比重，并与美国旗鼓相当，成为世界制造大国。2012年我国制造业业务收入总额在全国工业业务收入中占86.7%，工业制成品的出口量在全国货物总出口量中占95.09%。因此，我国的制造业已然成为我国国民经济发展的支柱。

但是，这一支柱还停留在比较低的水平阶段，也就是说，大而不强。我国具有高新技术的制造业在全球制造业中占有的比重微乎其微。而这正是我国制造业的下一步改革方向，也是我国政府竭力推出"中国制造2025"战略的主要目的。通过互联网+制造业，让我国制造业实现弯道超车，跻身于世界制造业先进行列。

所以，我国制造业要想真正实现弯道超车，还有很艰难的一段路要走。不过，好在如今制造领域已经掀起了轰轰烈烈的互联网+制造业风潮，正在从要素驱动的主攻方向向创新驱动的主攻方向转型升级。

在"中国制造2025"规划中，机器人位列全国十大重点推动领域中的第二位。目前，我国各地工业机器人园区已经达到40多个，全国已经拥有超过500家机器人企业。在工业机器人之前，机器人的工作职责主要是代替重体力、高难度、复杂、危险的劳动，从而解决恶劣环境下的作业问题。

而互联网+制造业时代，机器人的工作职责将有所转变，它不仅会替代一些简单却又具有重复性的工作，它还有意识，能够交流，可以从事很多比较复杂的工作。并且如今我国很多企业已经具备了生产这种高智能机器人的能力。因此，未来机器人替代人类活动将成为一种发展趋势，并且在互联网+制造业领域发挥不可或缺的作用。

"中国制造2025"作为制造领域进入互联网+制造业的入口，所有传统制造企业要想完成这一历史性的蜕变，就一定要结合"中国制造2025"的战略方针，把握住战略机会。而如何才能把握住这一战略机会呢？这就需要企业能够大力发展自身的互联网+技术，积极推行数字化、网络化、智能化制造，如此才能分享到"中国制造2025"时代背景下的改革红利。毕竟，未来的制造企业是将以数字化车间、数字化工厂为主要体现形式的智能化企业。

如果你的企业做不到这一点，就会被无情地淘汰掉。但是一旦转型成功，顺利晋升为具备互联网+制造业特色的智能制造企业，那么不仅可以极大地提升企业竞争力，为所有消费者提供私人定制服务，还为我国制造业超越欧美奠定了坚实的基础。

第七章

互联网+其他：用互联网+改造一切

> 互联网+，连接一切。它可以同任何行业深入融合，并且在融合后给这个行业注入强大的发展动力，让这个行业拥有腾飞的希望。所以，当今时代，各行各业，都应该充分发挥自身的优势，积极地与互联网+结合起来，寻求新的突破和蜕变。

互联网+外贸：跨境电商正在强势崛起

当世界经济市场结构不断发生变化，我国的传统外贸行业也后继乏力，逐渐呈现出发展疲态。但与此同时，我国的跨境电子商务行业却迎来了比较迅猛的发展。2014年3月1日晚上七点，央视《新闻联播》重点报道了商务部发布的中国已成全球第一贸易大国的年度数据报告："一份大数据报告勾勒出未来全球贸易格局：传统外贸年均增长不足10%，跨境电子商务却保持30%以上的增速。我国20多万家小企业在各类网络平台上做买卖，年交易额超过2500亿美元。中国正在和美国一起成为全球跨境电子商务的中心。在由互联网重塑的国际贸易格局当中，中国不仅抢得了先机，而且为贸易增长增加了新的支点。"

从这一系列数据中，我们可以得知，我国的跨境电商如今已经初具规模。而在2015年5月，第三方电子商务研究机构中国电子商务研究中心发布的《2014年度中国电子商务市场数据监测报告》显示，去年中国跨境电商交易规模约4.2万亿元人民币，同比增长33.3%。这一数据再次反映出跨境电商迅猛的成长速度。

跨境电商作为互联网+外贸的产物，它的发展离不开互联网+技术的支持。而有了互联网+这一利器的支持，注定了跨境电商有着光明的前途和巨大的商机。有商机，自然就有掘金者。比如说在2015年初，阿里巴巴创始人马云、京东商城创始人刘强东亲赴欧洲各国游说招商，意图为自己的跨境电商平台招徕更多的国际业务。

2014年2月19日，阿里集团宣布天猫国际正式上线，上线之初便引进了140多家海外店铺和数千个海外品牌，意在为国内消费者直供海外原装进口商品。同时，为了使天猫国际更加正规和专业，天猫国际要求入驻商家必须要有海外的零售资质，全部商品海外直邮，并且提供本地退换货服务。迄今为止，天猫已经拥有4亿多买家，5万多家商户，7万多个品牌。

2015年10月13日，阿里巴巴正式宣布2015年天猫"双十一"全球狂欢节正式启动，并告示此次"双十一"将集中展示阿里巴巴着力打造的全球化新商业生态。也就是说，2015年天猫"双十一"活动中，"全球买"将主打全球最低价、全球包邮包税。此次活动将由来自欧洲、美国、日本、韩国等25个国家和地区的5000多个海派大品牌领衔；"全球卖"以俄罗斯、法国、以色列、英国、西班牙等重点国家和地区为主，有近5000个国内商家参与。同时，为了保障全球消费者的购买体验，阿里巴巴将启动美国双机房技术。

2015年4月15日，京东商城正式上线了自己刚刚建立的京东的跨境电商业务"全球购"。京东全球购上线之日便引起了业界轰动，因为它的筹办时间只有短短的三个月。京东全球购平台首批上线商品超过15万

种，品牌数量超过1200个，商铺超过450家，涵盖母婴用品、食品保健、个护化妆、服装鞋靴、礼品箱包等众多品类。而平台上的商品绝大部分是入驻商家的商品，非京东自营。

京东目前与海外电商eBay进行合作，海外仓储等也是采取合作的模式。此外，京东全球购对海外商家的准入门槛和服务要求都很高，并给所有入驻商家都划分了明确的红线，就是绝不允许卖假货，一旦发现商家有售假行为，将处以平台销售额20倍违约金或10000美元的严厉处罚（二者以高者为准）。

2015年10月12日，《2015年电子商务大会》正式召开。在此次会议上，京东集团CEO刘强东明确表示："随着时间推移，京东全球购平台会加大自营产品，目前的京东跨境电商30%以上是自营，未来一半以上都会是自营。自营不仅仅保证我们消费者良好的体验，还可以确保快速出货，最主要的是解决售后服务。"

众所周知，任何时代，凡是巨头企业看中的新领域，基本上都代表着这个时代的发展趋势。就连阿里巴巴、京东、亚马逊这些互联网巨头企业都对跨境电商如获至宝，不惜下血本开拓这个领域，足以证明跨境电商是这个时代毋庸置疑的主流趋势。而跨境电商之所以能具备如此巨大的吸引力，这和互联网+有着密切的关系。有了互联网+支持的跨境电商，能够为我国的市场经济带来很多有利影响，尤其是以下两个方面。

跨境电商

改变价值链格局

帮助企业更好地成长

1.改变价值链格局

有了互联网+支持的跨境电商，企业才可以把外贸以前的线下环节摆到线上，使传统的外贸供应链更加扁平化，这样就可以将很多中间环节弱化甚至省略掉。比如说通过互联网+技术，企业可以直接将产品放到跨境电商平台上销售，如此一来就实现了企业和消费者的直接对接，这样就可以将贸易商、批发商、国外的进口商等环节的中间成本节省下来，而节省下来的成本，一方面可以提高企业利润，一方面可以让利给消费者。这种价值链格局的改变，无论是对企业还是消费者，都是极为有利的。

2.帮助企业更好地成长

有了互联网+技术的支持，物流、支付、联络等门槛都会大大降低，这就可以使企业的营销更加便捷和灵活。比如说以往的传统外贸，基本上都是大企业的专属，中小企业由于在技术、资金、渠道等方面的实力有限，所以很难在这一领域掘金。而有了互联网技术的支持，即便是中小微企业，一样可以将产品放在跨境电商平台上进行销售。因为中国跨境电子商务已逐渐形成一条涵盖营销、支付、物流和金融服务的完整产业链，这种产业链不仅能为中小微企业提供很多便利，还可以大大降低它们的进出口成本。这种能让小企业与大企业平起平坐、同台竞技的机会，无疑能帮助企业更好地成长。

鉴于跨境电商的优良特性，所有企业和商家都应该重视它。如果能借助这一特殊渠道打开营销市场，那么无疑会极大地提升企业和商家的市场份额和竞争力，帮助企业和个体商家完成商业逆袭。

互联网+物流：物流行业正在掀起大变局

长期以来，我国的物流行业都有很多痛点难以解决，比如物流行业与制造业、农业、商贸联动不足，从而导致物流速度很慢、成本颇高、渠道不畅、模式陈旧等，这些都让消费者颇为不满，从而大大降低了消费者的物流体验。

尤其是在电商已经成为消费者的主流购物方式的当下，整个社会环境对于物流的要求都越来越高，如果物流行业还是因循守旧，依然保持着物流系统性不强，网络化程度低，呈现分散、独自发展的态势，那么就难以跟上这个时代发展的脚步，更无法满足当今时代对物流的高标准要求。

庆幸的是，有了互联网+的支持，物流行业中存在多年的痛点大部分都可以得到有效的解决。首先最明显的改善就是，如今我国的物流行业，已经完全实现包裹的全程追踪。消费者只要知道自己的包裹单号，就可以通过互联网对包裹进行实时追踪，可以在瞬间得知自己的包裹已经到了哪个城市或者区域。

而在跨境包裹方面，由于我国跨境电商暂时还处于起步阶段，所以对国外的包裹进行实时追踪还比较困难，但随着跨境电商的进一步发展，我国的物流体系通过互联网+技术，很快就可以与国外的物流体系进行对接。我估计在最近一两年内，应该就可以实现对境外主要进出口国家包裹的全程追踪。而这一切都要归功于互联网+，没有了互联网+，消费者随时随地对包裹进行实时追踪将是一种妄想。

在2015年的物流行业一骑绝尘，为物流行业打开了新的发展空间的"曹操物流"，可谓是物流行业的一匹黑马，它似乎是一夜之间冒出来的，但却给人们留下了极为深刻的印象。而"曹操物流"董事长王广宏也在2016年初斩获了"2015年中国物流业十大新闻人物"的荣誉。

王广宏对于"曹操物流"未来的发展有着非常明确的方向，他要把

"曹操物流"打造成当代的智能化"曹操"，让"说曹操，曹操到"成为一种真实的生活方式。正如王广宏在2015年中国物流业十大新闻人物颁奖典礼会议上所说的："在流通环节冗长、混乱、低效的传统供应链中，智能化运输将移动物联网、移动互联网、云计算、大数据等技术应用在产品可追溯、在线调度、自动配送、智能配货等领域，能够在互联网和云端上实现物流订单便捷管理、合理配载、智能调度、跟踪、交付等运输全程可视化、网络化、标准化、智能化和精益化，能够让物流更加'聪明'。"

王广宏是个非常有战略眼光的企业家，他非常善于运用最新的知识来运营自己的企业。他在很早之前就意识到了互联网+在物流行业中的重要性，所以从2011年成立"曹操物流"以来，一直专注研究物流车、货匹配软件的开发与应用，在如何解决驾驶员需求方面积累了丰富经验，"曹操物流"IOS版、安卓版APP与电脑PC端三方合一，信息实时定位、更新共享，商业模式在同行业中一直处于领先，是为全国的物流产业链企业、车主、驾驶员朋友免费服务的一个功能网站。

"曹操物流"这种利用互联网+技术做物流的手段，无疑可以打造出一种物流供应链一体化服务，它可以最大限度地降低物流成本，同时将制造商、仓库、供应商、配送中心和渠道商等有效地组织起来，进而完成产品的交收寄、转运、送达等商业活动。这种高品质经营模式，能够创造出新的客户价值，破解行业痛点。

下面，我们再来详细了解一下互联网+给物流行业带来了哪些重大利好。

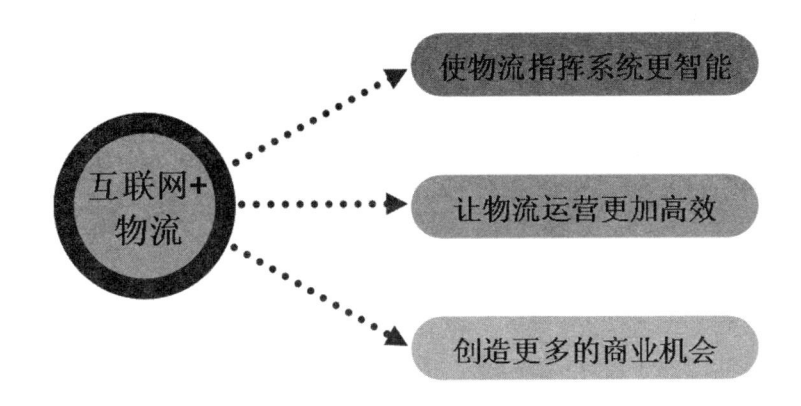

```
              ┌──────────────────────┐
              │ 使物流指挥系统更智能 │
              └──────────────────────┘
 ┌─────────┐  ┌──────────────────────┐
 │互联网+  │→ │ 让物流运营更加高效   │
 │ 物流    │  └──────────────────────┘
 └─────────┘  ┌──────────────────────┐
              │ 创造更多的商业机会   │
              └──────────────────────┘
```

1.使物流指挥系统更智能

有了互联网+的支持，手持终端设备和移动APP应用已经非常成熟，这些工具的成熟，可以使物流企业内部运作信息同步，分拣中转、装卸运输、揽收派送等环节更加协同有效。除了提升物流企业内部运作的协同效率，还使物流企业与外部企业之间建立了非常有效的联动机制。

比如说，物流企业可以根据电子商务物流平台上的销售数据来提前预测订单产生规模、地点、物流路径，指导物流企业提前配置资源，缓解物流压力。同时还可以根据物流压力运输指导电商商家调整营销策略，从货源端减少物流系统压力。这一点，阿里巴巴打造的"菜鸟物流"就是最好的例证。"菜鸟物流"通过大数据技术打造"菜鸟天网预警雷达"，其预测准确率高达95%以上，它可以让物流公司实时掌握整张物流网络每个环节的"未来包裹量预测"和"繁忙度实况预警"，可谓是让物流企业拥有了未卜先知的"超能力"。

2.让物流运营更加高效

物流企业可以通过互联网+技术，充分发挥大数据的威力，运用智能分仓技术改变现有物流模式。具体的做法为：企业根据大数据预测，指导商家进行库存前置，包括品类、规模、地域，以成本最低的方式提前运输到消费地，待消费者下单后，再从最近的电商仓储完成最后一公里配送，做到"订单未下，物流先行"，这无疑可以极大地提升物流运营效率。

3.创造更多的商业机会

以往做企业，往往需要极大的成本，比如在闹市区租办公用地、购买送货车辆、招聘业务员等，这些无疑都极大地抬升了创业成本。而在如今的互联网+时代，这些问题都可以得到很好的解决。尤其是针对制造企业来说，有了互联网+物流，很多人都可以进行创业。这两年我国出现了200多个淘宝村，19个淘宝镇，培育了大量的网商、服务商。这就是最好的例证。制造出来的产品在网上销售，在客户下单后，自己通知物流公司上门揽货，然后物流公司会将产品送到消费者手中，这种低门槛的创业模式，无疑可以给很多人带来商业机会。

总之，随着未来互联网+物流的融合更加深入，以及物联网、移动互联、大数据、云计算等互联网+技术的具体表现形式在物流领域的稳步推进，物流行业将会变得更加"智慧化""智能化"。

互联网+医疗：让看病更加简单

互联网+强大的融合能力可谓是无所不能，它几乎可以和每一个行业产生"化学反应"，就连带有专业、科学、严谨光环的医疗行业，也不可避免地同互联网+发生交集。而互联网+与医疗行业的深度融合，自然也会极大地推动医疗服务的进步和升华。互联网+医疗，就是基于互联网的医疗卫生服务。

众所周知，长期以来，我们医疗领域一直存在着很多难以解决的痛点。而如今有了互联网+技术的支持，这些痛点都可以得到很大的改善。下面我们来看看互联网+医疗，会给医疗领域带来哪些变化。

1.为患者提供更便捷的服务

互联网+医疗带来的最明显的影响就是使患者可以获得更便捷的服务。从已有的实践看，移动互联网在预约诊疗、候诊提醒、划价缴费、诊疗报告查询、药品配送等方面都已经有所应用，包括很多掌上医院、送药O2O等。而这些服务，对于患者来说，无疑是一次巨大的变革。

比如说，患者看病时排队挂号非常烦琐，有些医院患者多，挂号难，常常需要大半夜起床跑到医院排队挂号，一排就是几个小时，这无疑会给患者带来极大的不便。但是由于没有相关技术的支持，这一痛点一直难以得到有效解决。

患者只要登录医院提供的医疗服务平台，根据相应的指示，找到自己想问诊的科室和医生，就可以实现一键挂号。也就是说，坐在家里就可以完成挂号。而如果没有互联网+技术的支持，这种挂号方式是难以实现的。

再拿我们买药来说。我们以前买药品时，必须到医院让医生开个药方，然后再拿着药方到医院的药房去交费买药，或者是去大街上的药店买药。而如今，我们通过运用互联网+技术，只要通过电脑PC端或者手机移动客户端，就可以在网上药店完成药品购买的过程。下单后，网上药店会通过物流的形式将药品送到你手中。只要不是处方类药品，基本上都可以在网上买到。这种购买药品的方式，无疑为消费者提供了便捷。

由京东商城和九州通医药集团共同投资设立的合资公司北京好药师大药房连锁有限公司旗下的核心业务京东好药师网，就是一家网上药店。京东商城作为电商巨头，有了庞大的数据资源、成熟的物流系统、丰富的电商管理经验，而九州通医药集团作为全国医药商业企业排名第三、中国民营医药商业企业排名第一的医药企业，是一家以西药、中药和医疗器械批发、物流配送、零售连锁以及电子商务为核心业务的股份制企业，它在医药领域的资源是无比丰富的。

而京东好药师充分结合了这两者的优势资源，有足够的能力兑现平台提出的"更专业的服务，更全的品种，更优惠的价格，更快捷的配送"的承诺,为消费者带来"省钱又放心"的药品网购体验。这也是京东好药师网如此受消费者欢迎的原因。

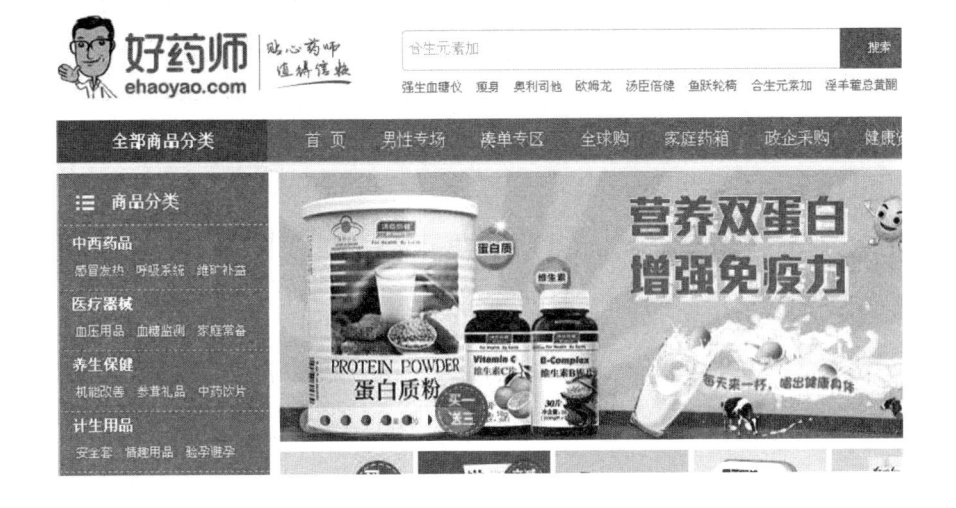

2.实现资源的有效配置

互联网+医疗通过大数据可以大大改善信息不对称的问题,这样一来,就可以减少资源浪费,提高医疗服务效率,优化用户体验。比如说,医院通过互联网+技术,打造出一个患者就诊APP应用平台,患者可以随时在上面查询医生的出诊情况,当医生因为突发事件未能如期出诊时,就诊APP应用平台就会在第一时间内将此变故发送给已经预约的患者。如此一来,不仅省去了患者来回奔波、无效就诊的麻烦,还为医院节省了部分资源,而这部分资源将会更好地服务其他患者。

再比如说,有些患者并非要看病,而是药吃完了,需要医生再给配一些药,这种"轻问诊""重复配药"等简单需求,患者只要通过就诊APP应用平台就可以得到解决。而患者也可以借助移动医疗的平台展示和评价体系,找到靠谱、满意的医生并建立起长期而深度的联系。

更值得推崇的是，在互联网+技术的支持下，很多优秀的医生都可以通过移动医疗平台实现并扩大个人品牌影响力，并通过脑力和精力的付出，有尊严地让知识实现阳光下的变现。这可以极大地改善医疗资源配置不合理的困局，让稀缺的医疗资源利用效率更高。

3.打造更新的医疗服务体系

在新医改大幕开启的大背景下，互联网+战略的推行可谓恰逢其时。医生、患者与医院这三方作为医疗服务链条中的三个主要环节，互联网+通过技术手段都可以与它们建立各种紧密的联系，然后以自己独特的商业逻辑，改变医疗行业的运作方式，从技术上推动医改，进而打造更新的医疗服务体系。

2015年3月，由阿里巴巴一手打造的阿里健康官网正式上线。该平台主要分为四大板块，即阿里健康云医院平台、阿里健康移动APP、阿里健康云平台和电子监管平台。我们以阿里健康云医院平台为例，该引入第三方检查/检验中心只是阿里健康云医院平台发展规划中的一个环节。云医院平台被定位为"整合医疗全体系、全链条资源，提供全方位医疗服务的网络平台"，其发展规划为：一是与诊所签约，多点执业医生入驻；二是与零售药房打通，丰富药品支持；三是引入第三方检查/检验中心；四是引入医疗机构；五是探索医保、商保报销领域。

其实，不仅仅是阿里巴巴正在全力借助互联网+技术打造更新的医疗服务体系，其竞争对手腾讯和百度也同样在这一领域发力。腾讯正在积极打造智慧医院服务系统，百度正在积极打造百度药直达医疗服务系统。它们在互联网+医疗领域的不断开拓，预示着互联网+医疗将会有更加光明的前途。

所以，我们一定要明确，互联网+医疗作为未来医疗领域的主要发展方向，它一定会打造出一种智慧医疗系统，能够提供一套完整、流畅的智慧服务，用于优化医生、医院、患者以及医疗设备之间的连接流程。无论你是患者还是和医疗领域有关的企业，都应该重视互联网+医疗的发展。如此，才能享受到它带来的红利。

> 互联网+旅游：随时随地，随心所欲

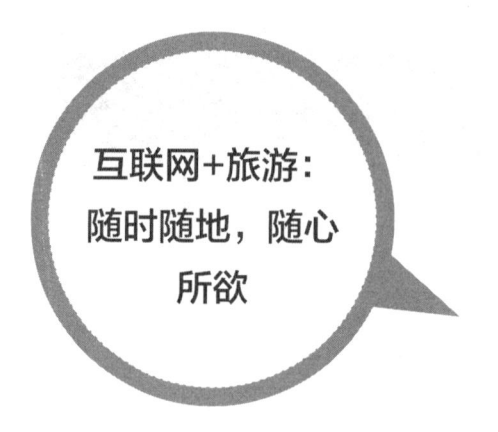

在世界经济增长乏力的时代大背景下，我国的经济发展也显示出了疲态。为了刺激消费，我国政府部门把目光瞄准了旅游领域。因为相比房地产、餐饮业等市场已经严重饱和的消费领域，旅游领域还属于一片蓝海地带，我国老百姓在旅游领域的消费需求还未被充分挖掘出来。所以，旅游业在今后很长一段时间内，都是拉动消费的最佳选择之一。

所以，未来的旅游行业将会迎来一波迅猛发展。这无疑会加剧旅游行业的竞争状况。尤其是随着互联网+在旅游行业的不断渗透，以往的旅游模式都难以为继，很多依旧坚持传统模式的旅游，如今都处在倒闭破产的边缘。

为了旅游行业能高速、平稳地发展，能为消费者带来更多的福利，互联网+旅游将成为未来不可或缺的新模式。就连我国政府都不断地制定各种互联网+旅游政策，意图为旅游行业打造完美的成长环境。

2015年9月16日，国家旅游局下发《关于实施"旅游+互联网"行动计划的通知》（征求意见稿）（以下简称《通知》）。《通知》指出，旅游业是国民经济的综合性产业，是拉动经济增长的重要动力。以互联网为代表的全球新一轮科技革命正在深刻改变着世界经济发展和人们的生产生活，为全球旅游业发展带来全新变革，旅游与互联网的深度融合发展已经成为不可阻挡的时代潮流。

《通知》还着重强调，为认真贯彻落实《国务院关于积极推进"互联网+"行动的指导意见》（国发〔2015〕40号）和《国务院办公厅关于进一步促进旅游投资和消费的若干意见》（国办发〔2015〕62号），充分发挥旅游业的综合优势和带动作用，积极运用互联网推动旅游业产品业态创新、发展模式变革、服务效能提高，提升实体经济创新力和生产力，促进旅游业转型升级、提质增效，为稳增长、促改革、调结构、惠民生发挥重要作用。

有了政府的明确规划和政策支持，互联网+旅游可谓是箭在弦上，不得不发。况且，互联网+旅游这一箭射出去，对于旅游业可谓是有百利而无一害。而如今，借助互联网+对旅游业的巨大推动力，很多旅游企业、旅游景点都已经开始运用互联网+来开展自己的运营工作了。

比如现今在各大风景区都可以看见的二维码扫描服务就是互联网+旅游的产物。当景区和二维码结合起来后，二维码就可以化身为一个高级向导，它能为游客提供专业的景区路线指引，为游客提供智能、便捷的游览体验。并且如果景区对二维码进行装饰，比如说用各种花卉拼成二维码，这种景物二维码不仅可以发挥向导作用，还能和景区融为一体，成为景区内的一道独特风景，可谓一举多得。

杭州市运河集团早在前两年就已经开始利用二维码来为自己的营销"出谋划策"了。杭州市运河集团为所有来京杭大运河（杭州段）自助游的游客提供了二维码服务。所有游客只要有智能手机，都可以享受这一便民服务。

使用的方法很简单，游客只需在手机上打开二维码扫描软件，将其里面的镜头对准杭州运河码头或者大兜路历史街区等各个景区陈列的二维码图片，手机就会自动跳转至信息平台。游客在这一平台上，不仅可以听到景点的语音讲解，还能了解巴士的售票信息以及景区商家的打折信息，可谓方便之极。杭州市运河集团的这一举措，极大地提升了游客的旅游体验，众游客都表示这一服务既便利又贴心。

如今，景区的二维码服务已经成为一种潮流，游客已经见怪不怪了。并且随着互联网+在旅游行业的不断推进，智慧旅游也开始越来越成熟。它在给游客带来巨大便利和实惠的同时，也让旅游企业获得了巨大的商机。比如说，游客到了景区的售票处，就可以通过电子售票系统直接网上订票。游客到了景区的出入口，就可以用二维码门票扫码进门。到了景点，可以用手机进行导游。如此一来，不仅省去了排队购票的时间，在游玩过程中也不会再错过任何有趣景点。

其实，互联网+旅游的优势绝不仅仅是一两个方面就可以概括的，它对整个旅游产业带来的积极影响是多方面的。

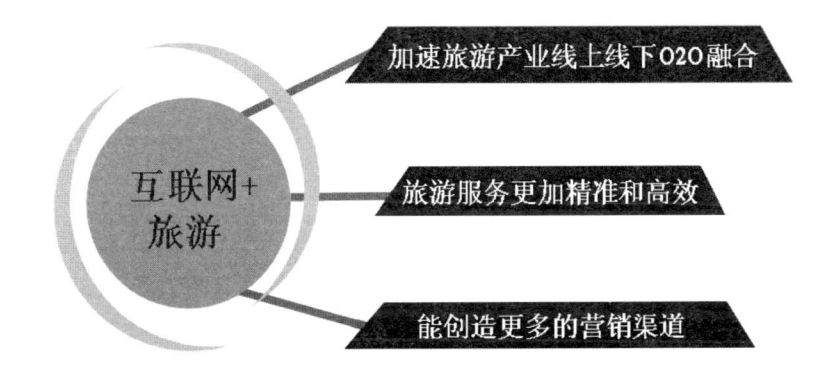

互联网+旅游
- 加速旅游产业线上线下O2O融合
- 旅游服务更加精准和高效
- 能创造更多的营销渠道

1.加速旅游产业线上线下O2O融合

有了互联网+的支持，线上旅游企业将会加速向线下服务拓展，而线下旅游企业也会向线上延伸。这也会直接催生出更多的线上旅游产品和更完善的线下旅游服务。游客在线上完成景点门票购买，在线下进行体验消费。或者是通过线下景点的引导，到线上去购买新的旅游产品。这种线上线下深入融合的情势，将会成为未来的主流趋势。也就是说，在几年后，旅游市场或许不再有线上线下企业之分，因为所有的企业采用的都是线上线下相结合的模式。

2.旅游服务更加精准和高效

旅游行业通过对互联网+技术的运用，比如运用大数据、云计算、物联网、射频等信息化技术，收集、汇总、分析游客及其旅游消费信息，研究确定旅游推广宣传的目标区域、重点人群，并根据其选择旅游目的地、产品、服务的特点使用相应的推广营销方式以及推广时间，大幅度提高旅游营销的针对性、精准度，并使得效率和效益更高，效果更好。

3.能创造更多的营销渠道

既然是旅游，自然离不开食、住、行。而有了互联网+技术的支持，无论是餐饮企业、交通企业还是住宿企业，都可以获得更多的营销渠道。只要将自身和旅游平台打通，就可以获得更大的营销市场。比如在"去哪儿网"这个在线旅游企业平台上，就进驻了多家餐饮企业、酒店集团、交通出行企业等。消费者在选择旅游景点时，也会顺便将食、住、行这些问题安排好。如此一来，就给食、住、行带来了极好的营销机会。在方便游客的同时，也让自己有了创收，可谓一举两得。

以上三方面是互联网+旅游给整个旅游行业带来的最明显的变化。但如果要仔细罗列的话，还可以列举出很多。而在未来，伴随着中国旅游产业向纵深化方向发展，旅游与其他产业融合的趋势日益明显，新需求、新业态将层出不穷。所以，旅游企业一定要把握住这次机会，利用互联网+为自己创造更多的业绩，为游客打造更完美的服务。

第八章

化腐朽为神奇：看各行业先驱如何开展互联网+

互联网+的神奇之处就在于它能创造奇迹，能成就巨头。纵观当下的中国市场，很多曾经并不出众，甚至是被人瞧不起的企业，在通过互联网+技术的助推后，一跃成为行业中的巨头。这些奇迹，只有在互联网+的催化下，才能更快地实现。本章就为大家介绍一下各行业先驱施行的互联网+战略。

> 互联网+商场+利润=天猫

提起天猫，在如今的网购群体中，可谓无人不知，无人不晓。就连那些从不网购的农民工，对天猫也略知一二。天猫，在当下的电子商务领域，可以说是"双十一""光棍节"的代名词。天猫的前身淘宝从2009年开始打造"双十一"节日，当时我国还没有"双十一"这个节日，当年，天猫凭借一己之力，在"双十一"当天创下了5200万元的销售额，这业绩震惊了世界。

而在随后的几年里，天猫的"双十一"业绩不断攀升，从2010年的9.36亿元，到2011年的33.6亿元，随后在2012年达到了历史性高点191亿元。而这一年，也被业界称为"双十一"的爆发点。因为在这一年，淘宝商城正式更名天猫，而从来很多不愿意参加天猫举办的"双十一"活动的商家，态度也有了明显的变化。它们从不愿意参加到积极参加，再到最后的不得不参加。

2013年，天猫"双十一"业绩350亿元，开抢仅10分钟，天猫总成交额就突破了15亿元；2014年，天猫"双十一"业绩571亿元，38分钟内即突破100亿元；2015年，天猫"双十一"业绩912亿元，这一业绩再次震惊全球。

单位：亿元　　　　　　天猫历年"双十一"交易额

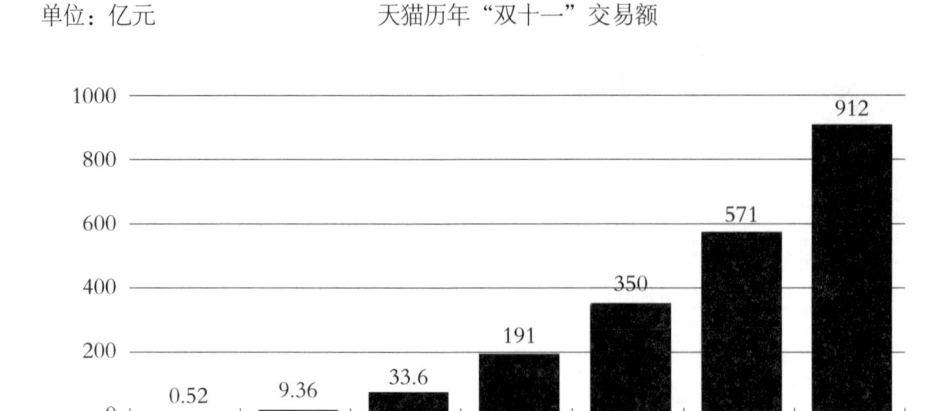

年份	交易额（亿元）
2009	0.52
2010	9.36
2011	33.6
2012	191
2013	350
2014	571
2015	912

　　一家没有自己的实体店，没有自己的网上商城的电子商务平台，却可以创造出如此震惊世界的业绩，成功地将"双十一"打造成带有中国特色的节日，甚至有逐渐将其打造成世界性节日的趋势，这是为什么呢？谁给了天猫如此大的权利和能力？

　　这就是互联网+的魅力所在。天猫通过互联网+这一技术，将全国各地所有的商家、商城都集中到自己的平台上。或许很多人会觉得奇怪，天猫只是一家没有任何资源的线上平台，怎么会如此受欢迎呢？它凭什么赢得了无数商家的青睐呢？

　　要想弄清楚这些问题，首先需要我们明确一个问题，那就是天猫绝不是一家没有任何资源的线上平台。相反，它拥有着巨大的资源，且这些资源还是非常稀缺的。说得直白一点，通过互联网+技术打造出来的天猫模式，就是天猫平台的资源。并且纵观当今世界，能够具备天猫平台上的这种互联网+技术资源的企业并不多。即便那寥寥数家，也因为错失了最佳机遇期，只能对着天猫轰轰烈烈的战绩望洋兴叹或者埋头苦追。

下面，我们再从三个方面来简要地分析一下天猫成功的原因。

1.对天猫有利

天猫作为阿里巴巴集团下的重要分支，虽然阿里巴巴集团的宗旨是让天下没有难做的生意，但这并不意味着阿里巴巴就是慈善企业，毕竟任何企业要想生存，就必须有利润。天猫作为阿里巴巴的肱股之臣，自然需要为阿里巴巴创造利润。所以，天猫商城自然也有自己的生财之道。

天猫商城的盈利主要来自于三个方面，分别是入驻天猫平台资费保证金、技术服务年费、技术服务费率。技术服务费率是天猫最主要的收入之一。此项收费的计算方法是：商品的实际成交金额×商品所在类目对应的技术服务费率。比如你购买的某商品的实际成交金额是100元，而此类目的技术服务费率是5%，那么天猫就要从商家的支付宝里扣取5元钱作为交易的技术服务费用。

所以，入驻到天猫平台的商家越多，成交量越大，天猫赚得就越多。这也是天猫不遗余力宣扬自己的原因。

2.对消费者有利

对于消费者来说，能够购买到物美价廉的产品，永远是消费者最关注的一件事情。而天猫商城恰好可以满足消费者的这一重要需求。因为天猫商城通过互联网+技术，让消费者和商家在平台上进行直接对接。由于商家可以实现和消费者直接对接，所以就省略了很多中间流程，比如省去了总代理、批发商、零售商等的拿货过程，而这些中间流程的省略，自然会大大降低产品成本。

比如说，生产商家销售给总代理一双皮鞋是100元，总代理再以120元的价格将产品卖给批发商，而批发商再加价20元将产品交给零售商，零售商为了获得利润，自然会以160元甚至更高的价格卖给消费者。如此一来，消费者拿到产品的价格就被大大提高了。而天猫平台可以让生产商家和消费者直接交易，在省略了中间供应商后，消费者完全可以以120元甚至100元的价格购买同样的产品，可谓物美价廉。并且这种购物方式还非常便捷，只要动一动手指，就可以完成购买过程。

3.对商家有利

商家要想把自己的产品卖出去，除了有合格的产品外，还需要有营销渠道。而天猫平台正好可以满足商家的这一需求。天猫平台上有大量的流量，这些流量就可以直接转化为成交额。商家只要把自己的产品放到天猫平台上，天猫平台的消费者就可以看到该产品，如果有购买意向，就会下单购买。

并且，天猫还会利用互联网+技术为商家提供各种营销服务，比如通过大数据分析，为商家找出目标客户，然后将商家的销售信息直接发送到目标客户的手机客户端或者邮箱中，目标客户在看到信息提示后，就会确定是否下单购买。如此一来，可谓极大地提升了商家的营销效率。

如今，众多商家都开始重视天猫平台的威力，并纷纷进驻天猫平台。2015年5月12日的消息称，天猫国际近日宣布与Costco、emart、LotteMart、大润发、Countdown等来自美国、韩国、日本、澳大利亚、新西兰、德国的全球九大超市集团达成独家战略合作，将继续推进全球供应链在阿里集团旗下零售平台生态体系内的整合。

在2015年的"双十一"，天猫开展了"万店同庆双十一"的活动，这场活动可谓规模空前，汽车、家装、百货、电器城、美妆、食品、服装、洗护、母婴、航旅酒店等十大类目，包括雅诗兰黛、玛氏公司等国际知名企业，以及苏宁、银泰、北京汽车、首旅集团、上海家化等千余商家，在全国超过330个城市，18万家商场、门店或专柜，与消费者实现"双十一"全球狂欢节互联。

这种种事例无不证明，天猫平台以自身强大的互联网+技术，正在建立一个全新的商业生态。在这个生态系统中，天猫将线上线下联动起来，将商家和消费者无缝对接，这种种伟大的创举，注定天猫将会成为我国电子商务领域的一座丰碑。

或许有人会觉得天猫的模式并不复杂，很多企业都模仿。没错，表面看起来确实不复杂，但要想模仿它，并且超越它甚至颠覆它，是非常困难的。因为天猫有强大的互联网+技术，它拥有大数据、云计算、移动互联网、新一代信息技术、移动支付等互联网+技术中不可或缺的核心资源。而这些并非任何企业都能够拥有的。

所以，互联网+商场+利润=天猫。正是因为天猫把全国各个线下商场搬到了互联网平台上，才成就了今天的天猫。但是，这一切绝非偶然，而是一家企业能够把握时代趋势，具有高远战略眼光的必然结果。

> 互联网+旅行社+利润=携程

提及当今的在线旅游公司，携程网可谓是该领域的一座丰碑了。携程作为一家在线票务服务公司，创立于1999年，总部设在上海，它最初主要靠机票酒店等产品的佣金创收。经过多年的发展，携程网拥有国内外60万余家会员酒店可供预订，是中国领先的酒店预订服务中心。目前，携程旅行网已在北京、广州、深圳、成都、杭州、厦门、青岛、沈阳、南京、武汉、南通、三亚等17个城市设立分公司，员工超过25000人。

携程网的成功在于模式的成功。在很多旅游公司还一直专注于线下市场的时候，携程网就另辟蹊径，建立了线上渠道。它通过互联网+技术，不仅把线下的消费者吸引到自己的线上平台，还把众多线下的旅行社、酒店、航空公司、渠道分销商等聚拢到了自己的线上平台上。也就是说，携程旅行网成功整合了高科技产业与传统旅行业，向超过9000万会员提供集酒店预订、机票预订、度假预订、商旅管理、特惠商户及旅游资讯在内的全方位旅行服务。

而整合高科技产业与传统旅游业的，靠的正是携程网的互联网+技术。携程一直将技术视为企业的活力源泉，在提升研发能力方面不遗余力。携程建立了一整套现代化服务系统，包括客户管理系统、房量管理系统、呼叫排队系统、订单处理系统、E-Booking机票预订系统、服务质量监控系统等。依靠这些先进的服务和管理系统，携程为会员提供更加便捷和高效的服务。

由于携程网运用互联网+技术既专业又比较早，且一直在不断地开拓创新，所以经过多年的发展，它在在线旅游服务领域中，每年的业绩都名列前茅，成为对手难以超越的丰碑。比如携程网利用在线旅游的优势，结合对于航空行业价格的对比，为旅客提供物美价廉的旅途服务，在以优质的服务征服旅客，占领市场份额的同时，在一定程度上也带动了航空业的发展。这种多赢的商业模式，自然会保障携程网的顺利发展。

2015 互联网+在线旅游服务平台 Top15

排名	企业名称	iBrand	iSite	iPower	总分
1	携程网	97.65	96.76	98.97	98.40
2	去哪儿网	98.37	97.18	98.66	98.34
3	蚂蜂窝	95.73	96.13	98.35	97.64
4	途牛网	93.57	95.29	98.04	97.04
5	欣欣旅游网	96.45	93.82	97.73	96.82
6	艺龙网	96.93	94.66	97.42	96.82
7	乐途旅游网	93.09	96.34	96.49	96.12
8	新浪旅游	94.77	98.23	95.56	96.02
9	驴妈妈旅游网	87.09	95.92	96.80	95.65
10	穷游	91.89	95.50	96.18	95.62
11	酷讯网	87.33	93.19	97.11	95.35
12	户外资料网	91.65	94.87	95.87	95.25
13	同程网	97.17	96.55	94.32	95.05
14	芒果网	90.93	95.71	94.94	94.69
15	网易旅游	86.85	97.81	94.63	94.49

注：iBrand指网络社会影响力，iSite指自身互联网建设能力，iPower指传统行业地位。这三者是衡量排名的三个维度指标。

第八章 化腐朽为神奇：看各行业先驱如何开展互联网+

携程网作为连接消费者与旅游行业的桥梁和纽带，它通过在线旅游打开的窗口，为自己带来了巨大的流量。并且随着市场需求的变化，也不断推陈出新，让在线旅游的商业模式更加符合市场需求。这一点，我们可以从携程网官方提供的线上产品中略窥一二。

携程网的线上产品种类非常丰富，既有交通出行工具预订服务，酒店住宿预订服务，还有各种团购、门票、商旅服务等。并且，每一种服务都完全是站在消费者的角度制定的，所以非常契合消费者的真实需求。

我们以携程网推出的旅游度假产品为例。一般来说，消费者在旅游度假，都不知道选择什么景点、什么路线、什么出行方式比较合适。据此，携程网特意为消费者提供了数百条度假产品线路，包括"三亚""云南""港澳""泰国""欧洲""名山""都市""自驾游"

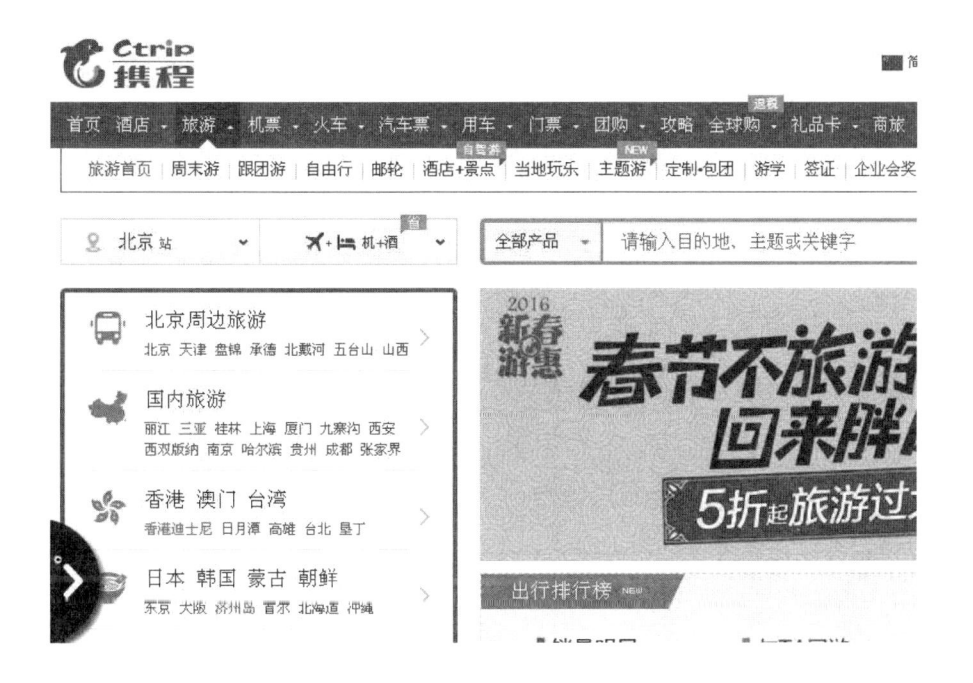

等20余个度假专卖店，每个"专卖店"内拥有不同产品组合线路多条。客人可选择从北京、上海、广州、深圳、杭州、成都、南京、青岛、厦门、武汉、沈阳等地出发。

一家企业要想在对手如林的市场竞争中胜出，尤其是想做到第一，就必须具备核心竞争力。既然是核心竞争力，那就应该是独一无二的，是与竞争对手不同的，这才能称得上是核心竞争力。所以，企业要保持核心竞争力就要特别注意为客户提供个性化的产品或服务。很多时候，这比其他行销手段的效果要好得多。无疑，携程网在这方面做得很不错。

并且，随着互联网+战略的持续推进，携程在这方面的技术投入也越来越大，不仅视野越来越宽阔，技术也越来越专业。这一点，我们可以从携程网攻略社区的负责人冯卫华女士在一次接受记者采访的发言中体会到。

在那次采访中，冯卫华这样说道："在线旅游市场的交易规模正逐步扩大，很有潜力，而无线端更是重中之重，因此一切有利于力拓无线端业务的板块都要加码。而攻略就是非常好的吸引无线端客户群的一种方式。我们之前收购了蝉游记，这是主打微游记的业务，也是以前携程的业务空白点，在收购蝉游记后，大家合作很好，每天可以发送约550多篇微游记，用碎片化模式获得更多无线端客源。

"并且，携程攻略社区和其他同类社区最大的区别在于携程能实现信息和商品的无缝对接。不但为用户提供出游攻略信息，还提供各类商品的购买，用户在站内就可完成出游决策、商品购买以及信息的分享。"

无疑，冯卫华的话代表了携程网的战略思维和战略规划。如果没有宽阔的视野，没有优秀的互联网思维，没有卓越的互联网+技术，携程网是做不到这一点的。在取得了一个阶段的胜利后，随着旅游市场的变化和移动互联网技术的发展，携程网将改变策略，通过对大数据的运用，进行智慧旅游管理开发、市场预测等，打造大数据商业模式。

2016年1月下旬，携程网旗下的携程商旅和中国五百强企业新疆特变电工股份有限公司签署了合作协议。这次合作协议的签订，预示着携程网在差旅管理这个细分领域迈出了坚实的一步。协议的主要内容是：携程网为协助特变电工实现一站式差旅产品查询预订，优化预订及审批流程，完善和执行差旅政策，全面提升企业差旅管理水平。未来特变电工还将实现内部差旅系统与携程商旅产品的无缝对接，更大程度提升差旅管理效率。

携程网作为中国差旅管理领导品牌，它通过基于移动互联网技术的新型企业差旅管理体系，立志于为各行各业的传统企业提供自动化办公管理、高效一体化办公流程、合理的成本管控体系等服务，而这些正是众多传统企业急需的服务。因为有了携程商旅的支持，企业不仅可以实现差旅管控、费用节省，还可以实现企业差旅管理合规化、透明化及自动化。

未来的携程网将会更加专注于互联网+领域的旅游产业，并且如今的携程掌门人梁建章对于携程网的未来有着清晰的规划。他头脑中有一张异常清晰的流程图：景区介绍、门票、路线等讯息归结为景点板块；交通、住宿、餐饮、特产等归结为旅游相关；另有其他信息和新业务板块，这些板块有各自的流程和数字化管理，全面归结到顶端的移动信息服务运用。以确保携程网能全面实现数字化、流程化运作，精准量化管理。

携程网未来要做的，不是和线下旅游行业的企业竞争，而是通过互联网+技术架构起一个平台，只要自己把握了流量入口，就可以立于不败之地。

而在最后需要特别提及一下的是，2015年10月26日，携程旅行网与百度公司达成一项股权置换交易。根据交易内容，百度将通过此交易完成将之前拥有的178702519股去哪儿网A类普通股和11450000股去哪儿网B类普通股置换成11488381股携程增发的普通股。交易完成后，百度将拥有携程普通股可代表约25%的携程总投票权，携程将拥有约45%的去哪儿总投票权。

双方的结合，被业界认定为一起合并案例。但这些并不重要，重要的是，它们的合并是为了自身能够获得更好的发展。携程网在未来可以充分利用百度庞大的数据资源和雄厚的互联网+技术，为自己的发展提供强大的助力。而百度也为自己的大数据资源找到了用武之地，并且可以开拓更多的新型业务。

所以我们有理由相信，携程网作为互联网+旅游领域的标杆，它在未来会给我们带来更多的惊喜。也会借助互联网+的春风，获得更大的发展，创造更多的利润。

互联网+美妆+利润=聚美优品

2010年3月，聚美优品在北京成立。作为我国第一家线上化妆品限时特卖商城，它虽然很年轻，但充满活力。短短几年间，它就从一个名不见经传的电商平台蜕变为知名电商平台，成为国内最大的美妆垂直电商，并于2014年4月在美国纽交所上市。

聚美优品创办之初，其盈利模式和天猫、携程网非常相似，大同小异。聚美优品的盈利来源主要分为三个方面：直接销售商品带来的收入（聚美优品在自己的平台上有自己的货源、仓库以及物流渠道）；在聚美优品平台上做广告的合作商家支付的相关广告收入；从平台上的商家成交过程中抽取的部分佣金。

其实，不仅仅是盈利模式和天猫、携程网非常相似，其运营理念同样与两者如出一辙。同样是依靠互联网+技术，将线下的美妆企业引流到自己的平台上，然后再把消费者从线下引流到平台上，让美妆商家和消费者在平台上实现无缝对接。

经过几年的发展，聚美优品已经成为我国互联网+美妆领域的标杆，并且创造了诸多让业界震惊的成绩。2014年5月16日，聚美优品先于京东和阿里巴巴在美国证券交易市场上市，这创造了电商行业的一个奇迹。因为聚美优品从2010年成立到上市，仅仅用了4年的时间。更令人震惊的是，在电商企业普遍亏损的情况下，聚美优品却连续7个季度实现盈利。而聚美优品的成功，除了有优质的产品外，还因为拥有过硬的互联网+技术。正是靠着这一技术，聚美优品为消费者和平台上的商家提供了优质高效的服务。

当然，聚美优品的互联网+之路走得并不顺利，因为互联网+技术有着很高的技术门槛，没有过硬的互联网+技术，比如在大数据分析、网页跳转流畅性、流量入口最大承载量等存在欠缺，都会严重影响到用户的消费体验。而聚美优品就在这方面吃过苦头。

第八章 化腐朽为神奇：看各行业先驱如何开展互联网+

2013年3月1日，聚美优品举办的"301"促销活动，这场促销活动力度空前，仅仅广告宣传费用聚美优品就投入上千万元。但是，从3月1日零时开始，聚美优品的网站就陷入了瘫痪状态，出现了网站进不去、页面打不开、无法提交订单等多项技术问题，让很多网友直接"转身"乐蜂网。这不仅严重影响了消费者的购物体验，还让自己的广告费打了水漂，白白将自己平台的流量引流向了自己的竞争对手乐蜂网的平台上。

这一失误充分暴露了聚美优品在互联网+领域的短板。所以，聚美优品开始发愤图强，除了在互联网+美妆领域继续深耕外，还不断优化、提升自己的互联网+技术。尤其是注重互联网+技术与时代趋势的深度融合。因为聚美优品深知，只有让自己站在风口处，才能获得更好的腾飞。

2012年，是我国电商企业争夺市场最激烈的一年，每一家电商企业为了能吸引到更多的流量到自己的平台上，可谓绞尽脑汁，费尽心思。而聚美优品也没有放弃这个争夺市场的机会，它看到了当时正强势崛起的微信平台，于是聚美优品再次抢跑潮流，超越了简单的下单和物流式APP，发力移动互联网用户体验性应用，率先拓荒微信平台，推出"小美微信"与会员互动，并推出了微信会员卡。通过微信，吸纳了众多会员，并通过微信的互联网+技术，与微信粉丝实现无缝对接，随时向目标客户推送有用的产品的信息。

与此同时，聚美优品还根据用户需求和市场发展态势，及时推出了iphone、ipad和Android三个手机移动版本，并对其开发的APP进行了改版和升级。经过改版和升级的聚美优品APP，新增"手机专享更多特权、聚美魔盒全面升级、魔法二维码扫扫更惊喜、加入我的喜欢、新增名品折扣频道、增强筛选功能",这在很大程度上提升了网友的整体购物体验,实现他们随时随地抢购美妆产品的愿望。而这些,没有一定的互联网+技术是难以完成的。

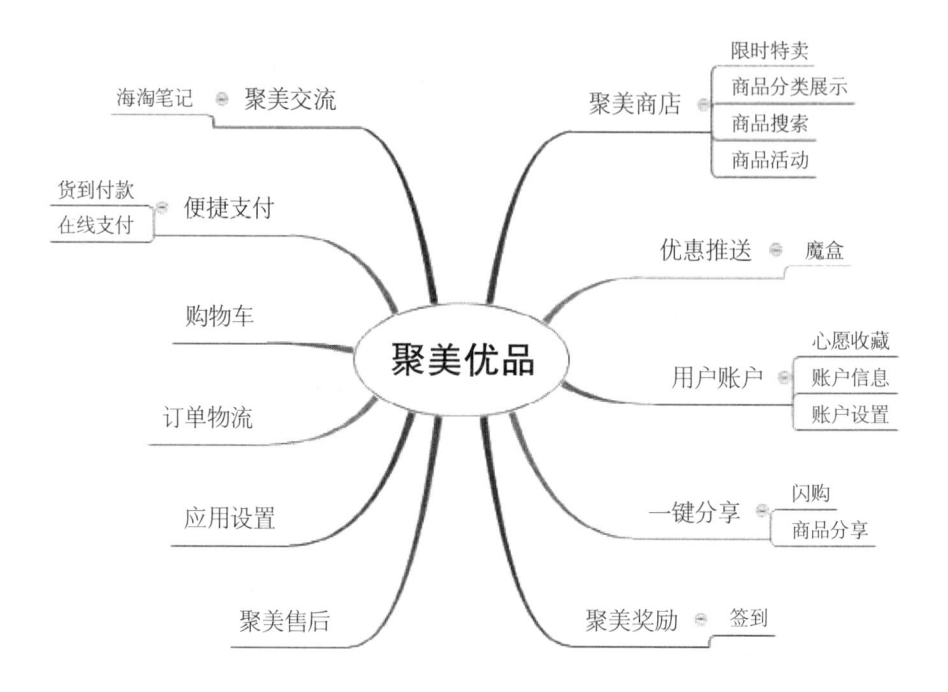

```
                            限时特卖
                            商品分类展示
        海淘笔记 — 聚美交流    聚美商店
                            商品搜索
                            商品活动

    货到付款
            便捷支付
    在线支付

            购物车                    优惠推送 — 魔盒

                    聚美优品         心愿收藏
            订单物流          用户账户 账户信息
                                      账户设置

            应用设置          一键分享   闪购
                                      商品分享

            聚美售后          聚美奖励 — 签到
```

躺在过去的功劳簿上睡大觉,从来都不是聚美优品的风格。聚美优品讲究开拓进取,追求更强更大。所以,当聚美优品在我国的美妆市场站稳脚跟后,它又开始扩展跨境电商市场。2014年聚美优品成功上市后,聚美优品的CEO陈欧便开始带领整个公司进行战略转型,战略转型的核心就是倾全公司之力不惜重金扶持海淘业务,公司拿出10亿元人民币补贴海外物流和税收。

在2015年4月的"2015亿邦跨境电子商务峰会"会议上,聚美优品副总裁刘惠璞发表了一篇演说,他在演说中提道:"聚美在去年10月开了两天两夜的会之后决定开展跨境业务，4个月之后已经做到中国跨境电商第一名。"

如今，聚美优品的业务范围越来越全面，除了自己的美妆商城外，还添加了极速免税店、母婴特卖、国际轻奢、服装运动、鞋包配饰等业务板块。当然，这些新增业务中，跨境业务占据了相当比例。

在聚美优品成功的背后，靠的正是对互联网+技术和思维的全面应用。我们以聚美优品平台上如今最骄傲的板块"极速免税店"为例。"极速免税店"的商业模式在于跨过传统的中间环节，和海外品牌商建立货品直供合作，以国内保税仓为仓储物流中转中心，保证到货速度。整个模式乍一看很简单，但是操作流程却要复杂得多。极速免税店不仅要根据平台上消费者的意愿筛选境外产品，还要确保消费者能在最短的时间内收到货物。

如何才能确保消费者能在最短的时间内收到货物呢？这是整个问题的关键。这需要电商企业有专业的互联网+技术。比如说，必须学会利用大数据。如何利用大数据呢？主要是根据自己掌握的各种数据，比如境外消费者的分布范围、购买产品的种类、对产品运输时效性的要求、国内段物流方式的选择等，从而得出一个最能提升物流效率的仓储布局结果。同时，产品的入库、出库、整理、包装、理货、质检、分拣、信息录入、包裹分发、包裹流转、包裹信息跟踪等程序，同样需要互联网+技术来把关和参与。唯有如此，才能随时监控产品的动向，才能让消费者根据订单号对产品进行实时追踪。

而如今，聚美优品在锐意进取、开拓创新的道路上的步伐迈得更大，更坚定。因为在2016年，聚美优品又提出了新的战略规划，打造一个中国影响力最大的颜值经济公司。颜值经济，这是一个崭新的词汇，也预示着聚美优品对互联网+的运用再创巅峰。聚美优品的颜值经济公司希望能够将娱乐和电商结合得更紧密一些，打造"时尚娱乐+电商"的新业务模式。

　　无疑，要想将娱乐、影视、电商、时尚产品、明星、网红、时事热点、追求时髦的消费者以及各种企业、商家结合到一起，形成一个多方共赢的生态平台，这对互联网+技术的要求是非常高的。而相信靠着聚美优品对梦想的执着追求和对高级人才的求贤若渴，它一定能通过互联网+的理念与技术，打造出一个多赢共好的生态平台，为我们带来更多的体验和惊喜。

第八章 化腐朽为神奇：看各行业先驱如何开展互联网+

> 互联网+出租车+利润=滴滴

提起出行领域的互联网企业，滴滴打车可谓是这一领域的标杆了。作为中国最知名的一款免费打车应用平台，从2012年成立到如今不过短短三年多的时间，滴滴打车就已经成为业界巨头，不仅让传统出租车行业刮目相看，更是让互联网打车领域的同行为之侧目。

2016年初，滴滴打车公司向社会公布了公司在2015年的成绩单，这份成绩单可谓羡煞众人。滴滴打车2015年全年完成订单14.3亿，全年累计行驶里程达128亿公里，累计行驶时间达4.9亿小时。CNNIC近日发布的《专车市场发展研究专题报告》也显示，滴滴专车占据了87.2%的市场份额。这一份漂亮的成绩单，充分奠定了滴滴打车在综合性智能交通服务领域的霸主地位，也意味着滴滴打车已经基本完成了在出行领域的跑马圈地。

当我们了解了天猫、携程、聚美优品最初的盈利模式后，对于滴滴打车的盈利模式就不会陌生了。没错，它们一脉相承，都是靠互联网+战略，打造一个平台，然后把消费者和商家引流到自己的平台，从中赚取佣金、会员收入、广告费以及其他增值收入等。

以滴滴打车来说，它通过打造一个打车应用平台，然后运用烧钱补贴的手段，把大量的出租车客户和消费者吸引到自己的平台上，让他们在自己的平台上进行交易。如此一来，就为自己的平台吸引到了极大的流量。有流量，就有资源，这些资源就可以转变成财富。比如说，有大量的消费者登录滴滴打车的平台，就会有企业愿意在滴滴打车平台上做广告，从而为滴滴打车带来广告收益；再比如说，有些出租车公司要得到更多的订单，就需要在滴滴打车平台注册成VIP会员，如此一来，滴滴打车又有了会员收入。

同样，滴滴打车的成功，靠的是过硬的互联网+技术和成熟的互联网+理念。比如说，滴滴打车实行的是尖端的派单机制，基本原理是供需平衡，也就是说乘客和周围车辆的数据以及周围的交通环境、天气等因素，通过模型和复杂的数据处理之后，滴滴打车可以使乘客和闲置的车辆在最短的时间内进行完美的匹配。

虽然市场上也有不少和滴滴打车一样的互联网企业，但是因为在互联网+

技术方面的缺失，比如对大数据技术应用不够成熟，导致用户线上线下之间的应用不协调、信息整合不连贯、云端数据的同步不及时等，从而极大地降低了用户体验，或者无法给客户创造利润，最后折戟沉沙。

2015年11月24日，滴滴打车与互联网+餐饮领域的巨头饿了么完成了协议签署以及股权交割，并在第二日宣布滴滴打车正式战略入股饿了么，至此，被业界议论已久的"饿了么是否会与滴滴合作"的话题终于尘埃落定。

从企业发展的战略角度来看，滴滴打车与饿了么的合作，无疑是滴滴打车在互联网+时代的又一次破冰之举。饿了么与滴滴打车之间的合作让饿了么借助滴滴打车自身的运输资源使即时配送体系得到了重要补充，让滴滴打车也借助饿了么拓展了"人"以外的运输场景。滴滴打车和饿了么开展合作后，可以通过饿了么提供的各种物流数据，正式进军同城物流配送领域。

而在获得大量宝贵的数据资源的同时，滴滴打车还找到了更多的盈利点。比如说，通过与饿了么合作，就可以将饿了么平台上的流量直接导流到自己的平台上，流量的增长自然会提升自己的市场溢价能力，并且还会直接提升平台上各个司机的收入，将平台打造得更具黏性。

当然，合作自然是建立在双方互惠互利的基础上。对于互联网+餐饮领域的巨头饿了么来说，与滴滴合作将大幅提升自己在物流方面的配送能力。以往饿了么的配送物流体系主要局限于半径为3公里的范围内，而有了滴滴汽车运力的加入，能大大延长现有的配送半径，实现全城覆盖。同时，由于运力充足，就不会再控制商户单量，如此一来，就可以大大提高商户单量，可以大大提升饿了么的O2O用户的服务体验，以及饿了么在外卖O2O领域的竞争力。所以，滴滴打车与饿了么这两大巨头的合作，是它们在互联网+领域做出的伟大探索。

当然，作为互联网+出行领域的巨头，滴滴打车如今已经难逢敌手，所以，它再次将目光瞄向了更加宽阔的领域。毕竟，仅仅局限于出行领域，对于一家公司来说是非常有风险的。这是一个跨界和融合的时代，只有构建更广大的平台与更宽阔的生态，才能获得更有力的生存保障和更长远的发展动力。

2016年1月26日，滴滴打车与招商银行宣布达成战略合作。滴滴打车的这一举动，意味着它在完成了互联网+出行领域的布局后，又再次将触角伸向了互联网+金融。在滴滴打车与招商银行的合作内容中，包含了资本、支付结算、金融、服务和市场营销等多个方面。由此，招商银行将成为滴滴打车的战略投资方，滴滴也将接入招行的"一网通"，并将其设定为乘客支付方式之一。同时，双方还透露，未来还将探讨发行联名信用卡及借记卡、招行线下营业网点为滴滴司机提供注册服务等。尤其引人注意的是，招行和滴滴也将合作试水汽车金融。

而出行作为一个典型的消费场景，这无疑为滴滴打车在互联网+金融的布局提供了良好的基础。也就是说，滴滴打车进军互联网+金融领域属于顺势而为。而如果能再深入地观察滴滴打车的布局战略，我们还可以看出它正在进行从支付通道的构建到汽车金融的探索，开始更深入地在消费金融领域进行布局。并且,有了招行作为支撑,滴滴从事更为广泛的互联网金融业务也将变得更加顺畅。

纵观滴滴打车的一举一动,无不印证了互联网+连接一切的特质。滴滴打车靠着互联网+出租车切入互联网+领域,然后依靠自身掌握的资源和优势,将自己可以加起来的一切都依靠互联网+加起来,从而构建起一个全面、综合、立体、多方共赢的生态平台。而这正是互联网+时代的核心竞争力。所以,滴滴打车只要能按照目前的态势发展下去,未来将会成为类似于阿里巴巴、京东等伟大的互联网公司。

第九章

全新蜕变：看企业如何利用互联网+颠覆传统

互联网+时代，传统企业人人自危。它们既害怕被那些互联网+企业颠覆，又担心自己在转型大潮中迷失方向，船毁人亡。目前已经有不少企业在这种进退两难、犹豫不决的状态中灭亡了。但也有一些企业，在互联网+时代的浪潮越来越汹涌的趋势下，勇于壮士断腕，毅然决然地向互联网+方向转型，并且获得了巨大成功，实现了全新蜕变。而它们的成功，也将给这个时代的同行企业带来更多启迪和思考。

艺福堂：颠覆传统的互联网茶企排头兵

有网购茶叶习惯的消费者，提起茶叶销售方，很多人首先想到的应该都是艺福堂这家茶企。艺福堂诞生于互联网，早在2008年，它就开始在网络上呕心沥血地探索互联网茶企的生存之道。它作为淘宝上第一家纯网店公司开办的茶叶加工厂，为了让更多的人喝上更多的健康好茶，打破祖辈传统的卖茶方式，可谓费尽心思，历经万难。

不过可喜的是，艺福堂作为一家纯互联网茶企，它始终用互联网思维制定发展战略，从而在网络世界走出了一条新的茶马古道。如今的艺福堂，仅仅注册会员就已经突破了500万人。艺福堂从2008年开始，7年多来一直领衔互联网茶叶类目销量榜单，是现代茶企中无可厚非的黑马。尤其是它在每年的天猫"双十一"购物节中创造的纪录，始终令对手望尘莫及。

远的不说，我们就看一看艺福堂近两年的"双十一"业绩。2014年

11月11日，艺福堂在天猫商城一举创下单日销量1339万的业绩，成为互联网茶叶类目上第一家"双十一"销量超过千万的茶企；而在2015年11月11日，艺福堂再次成为互联网茶叶类目上第一家"双十一"销量超过千万的茶企，并且当天创下了1378万的佳绩。虽然这一成绩比2014年的"双十一"只多了29万，但是在经济不景气，且艺福堂不久前刚刚做过几次促销活动的双重背景下，这一成绩已经非常振奋人心。

艺福堂的成功绝非偶然，它靠的是成熟的互联网+技术和思维。比如说，传统的茶叶销售一直遵循的是从茶农—商贩—茶业市场—茶企—品牌代理商—超市—消费者的传统销售模式，如此一来，整个产品流程环节中至少有5个利益链，这5个利益链不仅会推高产品价格，还会降低产品质量。毕

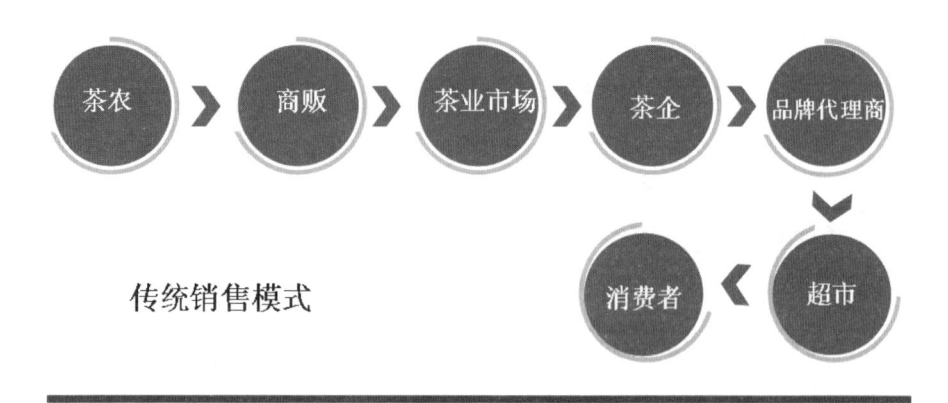

茶农 ▶ 商贩 ▶ 茶业市场 ▶ 茶企 ▶ 品牌代理商 ▼ 消费者 ◀ 超市

传统销售模式

茶农 ▶ 茶企 ▶ 消费者

互联网+销售模式

竟，流通环节越多，产品到达消费者手中的时间就越长，这自然会影响到茶叶的新鲜程度。

所以，艺福堂决定运用互联网+技术改造传统的销售模式，将中间的多余利益链斩掉，从而形成茶农—茶企—消费者这种更加短平快的新销售模式。而这种新销售模式，不仅可以让艺福堂为消费者提供更加优惠的产品，还可以让消费者在最短的时间内收到最新鲜的茶品。所以，艺福堂通过互联网+茶农+消费者，就为自己打造了一个多方共赢的平台，而自己正是这个平台上的核心枢纽。

除了在销售模式上运用互联网+之外，艺福堂在营销手段上也不忘随时运用互联网+。比如艺福堂会通过贴吧的兴趣营销、微博的粉丝经济、微信的朋友圈文化等各种时尚、潮流、有力的营销手段开展营销。并且，依托这些社交平台，艺福堂的服务从最初的客服，升级到集服务、娱乐、学习为一体的社交，让做买卖变成做朋友。

2015年6月，艺福堂推出了一款名为竞香一号清香型铁观音，这款产品一经上市就成为爆款，被众多消费者抢购一空。而之所以能成为爆款，这和艺福堂的互联网+技术与思维不无关系。这款铁观音的外包装选用长方形的铁盒，容量更大，更方便取茶。以小清新的薄荷绿为主色调，加上古典的折扇和淡雅的梅花，清新中又不失高雅。由于茶叶发酵程度比较低，口感更加甜爽清新，而且接近于绿茶的清爽花香，比较符合现代人的口感要求。

这款产品无论是包装风格还是口感风格，都深受众多消费者的青睐。而艺福堂之所以能够做出这种深受消费者青睐的产品，是因为艺福堂通过互联网+技术，搜集了消费者的各种数据，然后从这些数据中提炼出消费者的真实需求，从而做出了让消费者叫好的爆款。

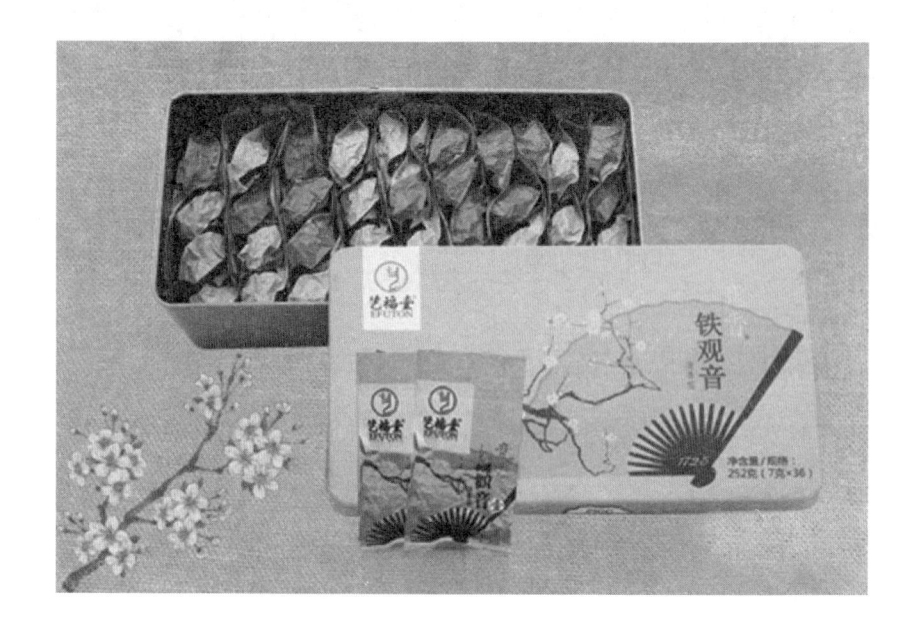

当然，仅仅依靠互联网+技术和思维还远远不足以让自己的产品成为互联网茶企中的标杆。艺福堂的成功，除了依靠互联网+技术和思维之外，还竭力为消费者提供精益求精的产品。

这一点，可以从艺福堂给自己的定位上看出来。做"有态度的健康茶"，是艺福堂时刻用来鞭策自己做茶的目标。为了将目标明晰化，艺福堂将"有态度"进行了明确。即从一片茶叶到消费者的茶杯，艺福堂始终坚持以制药的态度、甄选的态度、严控的态度、服务的态度，从源头把关生产、检测，再到服务的每一个环节都一丝不苟，只为传递每一片茶叶的健康力量。就是这四大健康态度成就了艺福堂，成为艺福堂快速发展的强大品牌支撑。

有互联网+技术、有互联网+思维、有产品态度、有企业愿景，这四"有"将会保障艺福堂在今后的互联网+时代获得更加稳固的发展。而艺福堂在茶叶行业中所起到的标杆作用，也必将对其他众多同行带来极大的启发和推动作用。所以，在未来，这一领域将会给我们带来更多更大的惊喜。

青岛啤酒：互联网"酿"出青啤新味道

自从2014年开始，青岛啤酒便开始忘记自己是一家有着110多年历史的传统企业，开启了真正的互联网+转型之路。它不仅成为啤酒行业内首家开设天猫旗舰店的酒企，还成为啤酒行业内首家在微信商城开设旗舰店的酒企。与此同时，还推出了24小时速递原浆啤酒、用微信酿啤酒送给好友等极具互联网特色的服务与营销。

对于青岛啤酒的互联网+之路，青岛啤酒董事长孙明波有着清醒的认识，正如他所说的："在'中国制造2025'和互联网+的时代背景下，传统产业的转型升级必须要运用信息化自我颠覆，让互联网与传统行业进行深度跨界融合，从单纯的制造走向智造。所以，青岛啤酒一定要进行自我颠覆，避免在不知不觉间被别人颠覆。"

值得庆幸的是，青岛啤酒在开展互联网+战略向互联网企业转型的过程中，取得了令人欣喜的开端。

第九章 全新蜕变：看企业如何利用互联网+颠覆传统

青岛啤酒正在努力将自己打造成一家新时代背景下带有互联网特质的酒企。尤其是在最近几年大众化啤酒销量整体下降，小众化啤酒却逆势增长的形势下，青岛啤酒不得不立即转型。因为青岛啤酒以往的经营体系只适用于大规模营销，对于小众化啤酒却鞭长莫及。所以，青岛啤酒为了满足和引领消费者不断升级的新需求，不得不由大规模的生产变成规模化的订制。于是，新组建的创新营销事业总部——"蓝军"诞生。

"蓝军"是相对于青岛啤酒集团传统的营销事业总部"红军"而言的。孙明波"蓝军"的要求是：不能以传统思维来做事，在管理体制、用人机制、经销模式、产品选择等各方面，都要独辟蹊径。也就是说，"蓝军"一出生，就被赋予了互联网+的模式。

青岛啤酒通过这支蓝军部队开始了在互联网+领域的探索。首先，以用户思维为生产导向，成为青岛啤酒在互联网+领域做出的第一步尝试。比如在营销运行模式上，青岛啤酒"蓝军"采用了大数据，在经过严格筛选后，确定了一定量的目标用户。并通过各种特定的信息渠道，向这些特定用户推送相关信息，以此实现精准营销。

2014年5月，青岛啤酒公司推出了一款"只有酿酒师才能喝到"的青岛原浆啤酒。它通过在互联网上预热，在初步确定了有购买意愿的消费者后，便开始进行定制生产。最后通过与京东商城合作，让消费者在下单后的24小时内便喝到了原浆啤酒。

由于原浆啤酒是未经过滤处理直接从发酵罐中分装的生啤酒原液，所以它无论是在口味、口感还是香气方面，都是普通啤酒难以媲美的。所以，消费者在喝到这样的啤酒后，赞不绝口。这款啤酒不仅销量巨大，还在上架后不到100天的时间内，就收获了消费者的数万个好评。

青岛啤酒在初步转型互联网+战略过程中取得的成功并没有让它欣喜驻足，而是让它更加坚定执着地向互联网+转型。2014年6月，青岛啤酒又在微信上开通了"青岛啤酒官方商城"，成为首家进驻微信商城的啤酒企业。因为青岛啤酒认为，以往入驻的电商平台都带有一定的局限性，无法和消费者

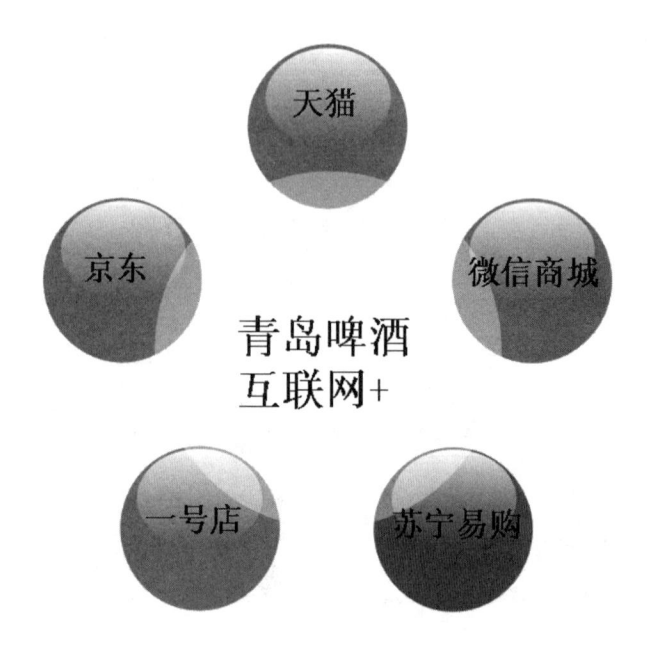

进行充分互动，而微信商城正好可以弥补这一点。此外，青岛啤酒还入驻了苏宁易购、一号店等电商平台，旨在打造线上购买的多元渠道，力争实现啤酒行业电商渠道第一品牌。

青岛啤酒除了在营销渠道上不断向线上靠拢，在营销运行模式上也不断呈现出互联网企业的特质。比如说，采用大数据制定各种决策。它会利用收集到的各种数据资源筛选目标客户，制定新啤酒产品方案，优化服务体验等，这些都让它深得消费者的青睐，线上的老客户复购率达到30%左右。

如今，青岛啤酒已经开启了大精酿战略，开始向"高、精、特、新"转型，并已形成一套成熟的"小瓶化、多频次、多品种"的生产模式。以前青岛啤酒只有三个品种，如今扩展到了152个品种。并且，为了使产品符合消费者的要求，青岛啤酒还专门建立了专家智库和用户智库，每一款新产品都需要过这两个智库的关，然后才能推向市场。

如今，青岛啤酒正在互联网+战略领域越走越顺利，并且逐渐散发出一种年轻的互联网公司的活力。这也让我们有理由相信，随着青岛啤酒制造从大批量的工艺转向小批量的艺术，它能真正成为一种"智造"酒企。

贝拉维拉女装：用互联网+玩出新花样

作为来自时尚之都的著名女装品牌贝拉维拉（BELLVILLES）女装，它于1995年进入我国市场，由上海贝拉维拉制衣有限公司致力于中国内陆地区推广、销售和服务，到如今已经有21个年头。站在传统企业的角度来说，贝拉维拉制衣有限公司是名副其实的传统服装企业。

但是，随着互联网+时代的开启，以及移动互联网技术的迅速普及，线上线下立体化营销的O2O模式开始大行其道，几乎所有的传统企业都懂得了O2O模式，并试图将传统商业与电商结合，建立自己的O2O模式，从而为企业进入互联网+打开一条通道。因为一味因循守旧，只固守着线下渠道和市场，最终只有死路一条。所以，贝拉维拉女装也试图打造一种全新的O2O营销模式，为自己在互联网+时代赢得更多的生存空间。

2014年4月，贝拉维拉女装正式开始实施O2O营销项目，它招揽了一批计算机和电商人才，利用这些人才掌握的互联网、移动互联网技术，在一个月内就完成了传统企业与互联网的技术对接。6月门店铺设POP广告，启动线上实体店推广计划，7月进入全面推广阶段。

推广的过程其实并不复杂，就是让进入线下实体店的客户了解到自己已经在线上开设了专卖店，并且价格更优惠，所有新产品都会第一时间在线上推送。同时，为了让线下客户能更加便捷地进入线上专卖店，贝拉维拉女装将线上店址制作成了二维码，消费者只要用手机扫一下，就可以立马进入店铺。然后按照相关提示注册会员，就可以畅享各种优惠了。

而在推广过程中，贝拉维拉女装的线下门店成为其推广的重要载体，如果没有这些线下门店的精准推广，贝拉维拉女装是很难在短时间内获得良好的推广成果的。

虽然贝拉维拉女装以前是一家传统服装企业，但是当其进军互联网+领

域后，便有了成熟的互联网+思维。这一点从它的营销成果就可以看出来。它从正式进入全面推广阶段，只用了4个月的时间，就通过移动端获取了精准会员资料70000多条，这些会员资料包含姓名、手机号码、性别、城市归属、消费轨迹及浏览轨迹等相关数据。

有了这些宝贵的数据，就为贝拉维拉女装今后的营销和产品款式提供了明确的指引方向。因为它们可以帮助企业提供更为精确的目标消费群体画像和直达目标消费者的便利通道，以便企业能够实现更加有效的精准营销。

如今，加上微信公众号平台的会员，贝拉维拉女装会员总数已经高达数十万，且会员活跃度也高达26%左右。同时，为了获取会员黏性，贝拉维拉女装每月都会进行不同类别的营销互动，每次营销活动的市场回购率为3%~6%。这种精准的O2O双渠道营销策略获得的营销成果，是贝拉维拉女装以往仅仅依靠线下渠道营销根本无法比拟的。

在O2O营销过程中，贝拉维拉女装非常重视微信公众号后台的数据。因为这些数据代表着粉丝对自己推送的消息、广告等内容的态度。当微信公众号后台的某些数据比较高时，比如，原文页阅读次数（点击原文页的次数、同一用户多次点击计算在内）、分享转发人数（在朋友圈、微博等转发的人数，重复转发算一次）、分享转发次数（在朋友圈、微博等的转发次数，同一用户多次分享转发算多次）这些数据的数值过高时，就说明推出的某篇信息中的产品粉丝们非常感兴趣，如此就可以将这款产品打造成爆款，同时在线上旗舰店和线下实体店隆重推出，这样无疑可以获得更好的营销成果。

如今，贝拉维拉女装在互联网+领域的探索步伐将迈得更大，它正打算建立智能化工厂，以便打通个性化定制服装瓶颈。当建设完工后，到时候每个制衣工位上都会有一台平板显示器、一台无线射频识别器，以及覆盖所有工位的衣拿智能制衣吊挂系统。而这一个性化定制服装的服务一旦正式实施，它将成为贝拉维拉女装的核心竞争力。到时候，势必会掀起新一轮风暴。

总之，所有的传统企业一定要明白，不要把互联网+看成洪水猛兽，它是危机，但更是机会。只要用正确的方法和理念去试一试，基本上都会成功。毕竟，通过互联网+，传统企业不再是无头苍蝇，互联网+可以帮助企业对市场进行更有针对性的细分和定位。

初炼：用互联网+让健身实现真正普及

随着时代日益向更高水准的方向发展，人们对生活品质的追求也开始向更高的水准迈进。正因如此，健身正在成为很多人日常生活的一部分，他们试图通过健身来达到提升身心健康和减轻压力的目的，更何况健身作为一种最具性价比的保持身心愉悦的方式，这也使它具备了流行的基础。

不过，虽然健身具备了流行的基础，但由于它自身存在着各种各样的行业痛点，导致了它的发展受阻，产业规模始终难以发展壮大。

比如说，健身房管理成本太高，管理效率比较低，需要的人太多，对人力资本的需求太强等，都会使健身房难以长期保持健康化发展；再比如，健身教练普遍收入偏低，对于教练工作缺少积极性，这在一定程度上限制了健身行业向良性方向发展；比如，消费者愿意去健身，但是却因为各种各样的原因而未能如愿。如健身场馆太远、没有合适的教练指导、私人教练价格昂贵等，都会降低消费者的健身体验。

如何才能解决健身行业的这些痛点，保障健身行业平稳有序的发展态势

第九章　全新蜕变：看企业如何利用互联网+颠覆传统

呢？互联网+自然是最佳选择。而初炼作为健身行业的开拓者，正在用互联网+为这个行业带来崭新的气象。下面我们就来了解一下初炼是如何用互联网+健身来改变这个行业的。

初炼作为一款运动软件，是由人人乐动信息科技有限公司在2014年12月推出的。初炼是一家"互联网+体育"公司，初炼APP提供的是在线约教练、约课程以及在线约陪练的功能。如今经过一年多的发展，目前已经成为中国最大、最专业的体育教练、陪练、培训服务平台。在初炼平台上，消费者可以享受最全面、最专业的体育教练指导，也可以享受最贴心、最亮丽的运动陪练，它更是一个最个性、最优惠的定制培训平台。

2015年6月30日，运动O2O项目初炼在贵人鸟体育战略和动域资本投资策略共同举办的发布会上，获得了动域资本、君联资本、联想之星的

联合投资。顺利完成了Pre-A轮3000万元的融资，一举成为参与此次发布会上的10个体育运动类投资项目中最为耀眼的明星项目。

对于初炼的上线运营，初炼创始人兼CEO章恒有着明确的规划。这一点在他的一次演讲谈话中我们就可以看出一二。他在那次演讲中说道："以2014年来看，我们整个中国体育产业的规模（不含体彩）是3136亿元，这是一个千亿市场，现在看起来好像很大。但是大家再看我们产业结构的时候，大家会发现运动鞋服、运动器械和体育组织管理活动，就是赛事这一部分，以及场馆占了绝大多数，而真正落实到我们每一个老百姓，就是我们每一个用户身边的大众体育的服务，这个大众体育的服务就是咱们的付费运动，比如去健身房办卡、在健身房请私教、在外面学网球，这是大众体育服务，这个占比很低，只有5%左右。

"同时我们对比体育产业的GDP占比时会发现，在整个中国，我们的体育产业只占了GDP的0.5%，而美国是3%，所以我们在整个行业有非常大的提升空间。"

对我国体育产业领域进行过周密考察的章恒，自然发现了这个领域蕴藏着巨大的商机。加之他了解体育产业的各种痛点，所以初炼一成立就致力于解决这个产业的各种痛点。初炼一直致力于打造能给用户提供高品质体验的O2O服务，可以让用户在线上随心所欲地下单，在线下随心所欲地体验服务。

一般来说，用户进行健身，关心的问题无非是场地的地点、自己的时间、服务质量、运动成本等焦点问题，而初炼立足于用户最为关心的问题，恰到好处地帮助用户解决了这些痛点。比如用户在使用初炼时，不仅可以选择离我最近的场馆、我满意的时间、可预期的服务、可接受的价格等选项，还能享受到经过初炼标准化过的课程。打破教练随意变动课程的习惯，让所有运动项目都有针对性地开展。用户还可以根据自己的时间和技能阶段选择上课的时间。

也就是说，只要一部智能手机，一个初炼账号，消费者就可以进行健身生活了。初炼通过互联网+运动的方式实实在在地改变了很多热爱健身的消费者的生活方式，它通过自己提供的独特服务，将更专业的运动生活还给大众，将原来只有部分高端及专业人士才能专享的陪练、私教服务推送到用户身边。同时，它还通过搭建运动场景，降低运动门槛，让更多的普通人主动参与到健身领域，并开发自己的运动潜能。

而对于健身教练来说，同样可以通过初炼平台获得更好的回报。健身教练不仅可以通过初炼平台更好地宣传自己，提升自己的知名度，获得更多的订单，还可以更好地安排自己的课程时间和场地。也就是说，无论是在收入方面还是授课便捷性方面，健身教练都可以获得更多的益处。

作为健身产业链中的关键一环，健身馆自然也可以通过初炼平台获得很多好处。比如可以极大地降低管理成本。通过初炼平台，无论是聘请教练还是招收学员，健身馆都可以省去这方面的费用，因为教练和学员会在初炼平台上自主完成各种交易。也就是说，健身馆只要在初炼平台上提供场地信息，让教练和学员选择就可以了。一旦教练和学员选择了该健身馆，就会来线下消费。所以，健身馆如此一来就省去了诸多事宜。

通过互联网+，初炼把健身馆、教练、消费者全都整合到了一个平台上，这种模式一举解决了健身行业的各种痛点，把互联网+的威力体现得淋漓尽致。

靠着这一踩着时代脉搏的模式，初炼迎来了令人惊讶的发展。在短短一年的时间里，初炼平台上就云集了近万名优秀教练，数十万名注册用户，涉及到的健身领域囊括了游泳、羽毛球、健身塑形、瑜伽、跑步、高尔夫等，并和数千家健身馆签订了合作协议。而近期初炼还会实行全国统一标准异地服务，比如你是在广州报的健身班，你在深圳同样可以享受到这项服务。

2015年12月2日，初炼在清科第十届中国最具投资价值企业颁奖仪式上，从4000多家参选企业中脱颖而出，荣膺中国最具投资价值企业"新芽榜"50强。这不仅证明了初炼的实力，还证明了初炼正站在互联网+的风口之上，有着非常美好的发展前景和激动人心的商业价值。所以可以预想到的是，未来的初炼，将会成为互联网+健身领域的标杆，带着这个领域迈向更时尚、更智慧化的时代。

爱空间：用互联网+让家装行业更加优质高效

2014年，是我国家装行业发展里程碑式的一年，因为在这一年，家装行业产生了根本性的变革。2014年8月，爱空间科技（北京）有限公司正式宣布进军互联网家装行业，并启颠覆传统家装行业的道路，并在2014年12月13日，正式推出让家装行业产生巨大震动的"互联网家装"——爱空间。

很快，爱空间就凭着自己对互联网+精神和技术的独到理解和应用，成为互联网家装的龙头，让众多传统家装企业溃不成军。而要想全面地了解爱空间，则绕不开小米这家互联网巨头企业。

爱空间的A轮融资是由小米企业创始人雷军领投的。雷军一直有着极强的互联网+思维，他也正是靠着互联网+思维，让小米企业在短短几年间成为中国发展速度最快的互联网企业，尤其是其出产的各种手机产品，血洗了我国的手机行业，令所有竞争对手心惊胆战。而雷军作为爱空间的A轮融资领投人，自然对爱空间抱有极大的期望。所以从爱空间成立之初，雷军就为爱空间的创始人陈炜提供了一个金点子：做最有特色的产品。

这个特色产品如今已经成为爱空间的标签，那就是从毛坯房到精装房20天、699元每平方米。而众多熟悉爱空间的人还为爱空间贴上了小米家装的标签。下面我们就来看看爱空间是如何利用互联网+在传统家装行业大刀阔斧地跑马圈地的。

首先，我们从爱空间的互联网+思维方面进行了解。爱空间要想颠覆传统家装行业，就必须有对传统行业进行革新的能力。所以，爱空间创始人陈炜用互联网+思维去思考爱空间如何革新。最后他决定从三个方面开始深入。这三个革新标准分别是：标准化、极致和口碑。

我们仔细分析一下这三个革新标准，就可以发现它们可以极大地提升消费者的体验感。我们以标准化为例。在装修过程中，爱空间把装修需求、供应链、定价、工程管理、管理过程五大环节完全标准化，这样不仅可以提升整体装修效率，大大缩短装修工期，还可以为消费者省略掉很多麻烦。传统的家装装修需要用户根据装修需求购买大量原材料，需要用户精通几百种原材料、跑几十次建材市场。即便如此，还会不可避免地遭遇装修增项的困扰。而爱空间提出的这一标准化装修服务，可以让用户省去所有担忧。

爱空间为装修过程设计的80道工序，以及和八大一线品牌工厂直接合作，确保了将装修做到极致。而有了极致的用户体验，自然就会产生良好的口碑。在如今自媒体时代，口碑就是竞争力。有了好口碑，就会有源源不断的业绩。所以，正是靠着互联网+思维的引导，使爱空间在互联网家装行业如鱼得水，在短时间内就成为该行业的标杆和旗手。

接下来我们再看看爱空间在互联网+技术方面的运用。爱空间将家装领域一切可以通过互联网+技术相连的内容都连接了起来。

比如说，消费者打开爱空间手机APP就可以在线上了解爱空间的各种服

第九章　全新蜕变：看企业如何利用互联网+颠覆传统

务，还可以直接选择自己中意的设计师和服务团队。与此同时，消费者还可以来到线下体验店进行体验。这种线上线下相结合的O2O营销手段，为爱空间赢得了极大的流量。如今，要想在爱空间获得装修服务，必须提前很久预约才行。

　　比如说，爱空间打造的中心仓利用互联网+技术极大地提升了产品的运转效率。爱空间通过互联网+技术，打造了一个出色的供应链体系，它可以通过互联网+技术，直接与博洛尼、大自然等八大核心供应商对接，需要什么产品和材料，只要一键点击就可以瞬间完成下单和发货。并且，可以确保产品质量不含瑕疵。

　　比如说，爱空间在运作过程中发现，只有当一线工人真正完成了数字化的连接时，才能真正改变服务品质。于是，爱空间颠覆了传统家装企业非系统管理工人的传统，它用数字化连接一线员工，开发了客户管理系统，通过强大后端衔接多个系统，工人移动ERP系统，即时通讯，工程实施时全面掌控数据。也就是说，爱空间通过数据化系统管理工人，不仅可以更加直观地对产业工人进行管理，大大提高工人的工作效率，还很好地提升了消费者的口碑。

通过对互联网+的深入理解和运用，爱空间这个颠覆传统家装行业的互联网家装企业新秀，获得了令所有同行艳羡的发展。2015年2月2日，爱空间获得了由顺为资本领投，H Capital跟投的6000万元人民币的A轮融资。

紧接着又在2015年12月13日爱空间成立一周年之际，获得了由景林投资领投，顺为资本、分享投资、疆域资本和弘溪投资跟投的1.35亿元人民币的B轮融资。而此次融资时机，正处于互联网企业面对资本寒冬的生死关头，爱空间却能获得巨额融资，充分证明了自身的实力和业界对其的期望。

当然，业界对爱空间的深厚期望并非空穴来风，盲目下注，而是真正看到了爱空间已经获得的骄人成绩。爱空间成立仅仅一周年，家装楼盘业务就已经从北京扩张到全国12个城市，"爱粉儿"队伍扩展到10万多人。在业务量上，北京400单/月，上海270单/月，济南170单/月。这些业绩，对于一个初创企业来说，无疑是非常骄人的。再者，如果不是为了确保为用户提供经得起推敲的产品和服务，爱空间有意压制着业务规模，爱空间的业务量将会更加亮眼。

如今的爱空间作为互联网家装行业的标杆，无疑已经扛起了互联网家装的行业大旗。它在加速全国扩张速度的同时，也带动了互联网家装行业的迅猛发展，使众多有实力的对手纷纷进入这一蓝海地带跑马圈地。比如58投资的土巴兔、国美联合东易日盛推出的国美家、天猫打造的家装品牌孵化器、新浪上线"抢工长"平台等。

并且，在这些互联网家装企业的强势入侵之下，传统家装企业将不得不重视这一"鲶鱼"，积极谋求变革和突破，因为若无动于衷，只会落得一个被淘汰的下场。所以在不远的未来，我们一定能够看到在以爱空间为首的互联网家装企业的推动下，消费者们将会享受到标准化高、性价比高的装修套餐，家装行业的发展也会越来越规范和时尚。

e家洁：用互联网+解决上门家政的痛点

随着互联网+对整个社会经济带来的影响越来越大，各行各业的发展都开始了求新求变。而家政，作为继打车、外卖、家装之后的又一风口，正吸引着越来越多的创业者和资本争相涌入。在这些"入侵"大军中，北京逸家洁信息技术股份有限公司（简称e家洁）无疑是最耀眼的一颗新星。

e家洁自2013年成立以来，如今已经走过了近三个年头。e家洁的成立，标志着2013年成为互联网+家政的萌芽之年。伴随着e家洁的发展，互联网+家政在2014年开始兴起，并于2015年完成了破局之旅。但不管这一行业如何发展，e家洁始终牢牢占据着这一行业的领头羊位置。

如今的e家洁，经过近三年的发展，已经越来越成熟和稳健。作为非常值得信任的家庭保洁服务平台，e家洁可以提供专业保洁、家电清洗、家具养护、保姆月嫂等家政服务。比如你想要保洁服务，你完全可以通过登录e家洁的APP选择你想要的服务人员。e家洁APP可以基于地理位置查找附近的保洁小时工阿姨，当你下了订单后，保洁阿姨会准时上门提供专业的新居开荒、油烟机清洗、擦玻璃、厨卫保养等家政保洁服务。如今，我们可以在北京、上海、广州、深圳、成都、南京等一、二线城市享受到e家洁提供的家庭保洁服务。

e家洁的成功绝非偶然，它靠的是对传统家政行业痛点的敏锐分析和对互联网+技术的独到运用。e家洁的创始人云涛在一次记者访谈中这样说道："北京有4000多家家政公司，但这些家政公司还在用原始的方法解决两端需求。保洁阿姨辗转挂靠在多个家政服务公司下。用户家中有打扫需求时，通过门店约阿姨上门，但最常见的情况是在几次服务之后，服务质量开始下降，迟到、磨洋工等现象出现。

"同时，家政公司管理也非常松散，为了将企业利益最大化，还要对保洁阿姨提取高达30%的抽成，这在影响了阿姨收入的同时，也势必影响服务质量。另一方面，由于信息不够透明，客户无法自主选择自己中意的保洁阿姨，这也直接影响了客户的体验。"

针对传统家政服务行业的种种不足，e家洁一开始就瞄准了这些行业痛点，并以解决这些行业痛点为突破口。因为e家洁深知，要想在传统家政公司盘踞多年的家政行业中杀出一条血路，就必须拥有传统公司不具备的竞争优势。所以，服务效率、客户体验、运作模式等，都成了e家洁必须具备的核心竞争力。

e家洁通过打造手机客户端APP系统，把服务人员和客户都引流到这个系统平台上，只要客户有需求，随时可以通过手机APP选择相应的服务和人员。也就是说，e家洁通过APP平台，让服务人员和客户实现了无缝对接。

与此同时，APP系统保持信息透明的特色，还极大地提升了客户的满意度。e家洁APP系统创建的点评和验证功能，将服务人员的信息，如身份证、照片等全部录入，用户可以对服务人员的服务质量进行点评，每位服务人员都有相应的星级和分数。如果服务人员要有好的业绩，就必须兢兢业业地去工作，出色地完成自己分内的任务，如此才能获得好的点评和星级指数，使自己后期接单更加有竞争优势。

另外，为了保障服务人员能够更好地服务客户以及运用互联网+技术，e家洁专门开设了线下门店，门店主要用来培训和管控服务人员。毕竟，服务人员大多数都是中年妇女，这类群体文化水平不够高，对于智能手机的运用也不够熟练和精通，所以只有对她们进行培训，服务质量才能更高、更专业。

如今的e家洁，已经具备了三大优势：一、高品质。70小时专业培训，身份证公安备案，专业客服一对一管家服务模式；二、超优惠。保证行业最低价格，限期优惠活动不间断，充值最高返现2000元；三、便捷用。60秒快速下单，客户端、电话、微信、网站随时约，免费赠送家政保险。

靠着这些独特的优势，e家洁获得了超于预期的发展。通过e家洁官方提供的数据我们可以得知，截至2015年12月，e家洁日均订单量近3万单，同比增长了7倍，公司注册用户近250万人。同时企业服务上线三个多月，服务的企业已经超过一万家。这骄人的业绩，足以让e家洁成为互联网+家政行业的标杆。

2015年7月，e家洁完成了C轮融资，该轮融资由天风证券领投，鼎晖资本、盛景母基金、腾讯产业共赢基金、德同资本、德丰杰资本跟投，融资额度更是高达数亿元人民币。自古以来，强强联手才能赢得天下。而这些实力强劲的投资方无疑已经证明了e家洁的巨头地位。毕竟，只有那些发展前景一片光明，自身实力强劲的初创企业，才能获得这些投资巨头的青睐。

更何况在e家洁的四轮融资中，我国的互联网社交巨头企业腾讯均在其列，这也间接证明了e家洁的实力。

2016年3月1日，e家洁公司发布了一篇令业界震惊不已的公告："公司收到全国中小企业股份转让系统有限公司（简称'新三板'）同意挂牌的回复函，主办券商为天风证券。"这则公告预示着e家洁成为国内首家拿到新三板门票的互联网+上门服务企业。

无疑e家洁是非常幸运的，它靠着互联网+，为自己在家政服务领域插上了腾飞的翅膀。而未来，随着e家洁在家政行业的发展更加深入，人才储备得更加全面，它对家政行业的颠覆将更加彻底。如果传统家政公司还不知改变的话，那么将会有一大批传统家政公司死在e家洁的利刃之下。当然，e家洁的发展将会给家政行业带来更多的利好。无论是对于服务人员，还是客户，都会切实感受到互联网+为家政行业带来的春风和温暖。

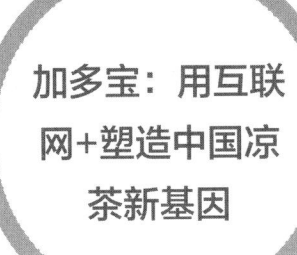

加多宝：用互联网+塑造中国凉茶新基因

互联网+之所以被众行业膜拜，是因为它本身具有有容乃大的特性。互联网+具有的普惠性和低门槛，注定了其可以给各行各业带来新的发展机遇和发展空间。我国的凉茶饮料行业的巨头加多宝无疑深刻地意识到了这一点，所以它一直试图通过互联网+这一工具和技术，达到自己征服世界的目的。

2015年4月30日，加多宝推出了自己的新产品，金罐包装凉茶。同时，为了开展自己规划已久的互联网+战略，加多宝在金罐包装上加入了微信二维码。消费者只要扫码金罐包装上的二维码，即可进入加多宝微信公众号，并参与加多宝推出的"淘金行动"，摇一摇抢"金包"。

淘金行动玩法很简单，只要消费者进入"淘金行动"页面，摇一摇即可获得金包。获得金包后，消费者可以任意打开一个，这个金包就会以优惠券的形式保存在自己的微信卡券中。其他金包可以分享给好友。

这种看似简单的玩法，其实蕴含着加多宝一贯秉承的"大品牌、大平台、大事件"营销战略。此次和往昔不同的是，它开展的是带有互联网+基因的营销战略。因为加多宝非常重视互联网+企业的运营，只有让企业带有互联网+的基因，才能在互联网+时代不被淘汰。

加多宝凉茶作为快消业的典型代表，它拥有连接互联网+的天然优势。加多宝每天的销量高达数千万罐，这就注定了它的覆盖度够广、渠道够深、接触频率够密。而如果从互联网的视角来看，加多宝每天的千万级销量，就相当于每天千万级的流量。而且每一个流量都是用户的直接触及，平均停留时间超过10分钟。

在这个流量为王的互联网+时代，谁拥有了流量，就能攫取无限财富。所以，加多宝只要将自身潜藏的巨大流量激活，就可以获得巨大的商业价值。所以，加多宝推出的"金彩生活圈"正是互联网+生态圈的一种具体体现。加多宝运用创新性的思维方式，以金罐加多宝为核心，将数十亿罐体向合作伙伴开放，把消费者和便捷的生活服务建立链接，覆盖衣食住行游乐购各个领域，构建一个前所未有的快消品移动互联网+生活圈，从而实现无限连接。

加多宝这样做的原因主要有两个。第一个原因是因为自身没有那么大的资金实力。为了确保每个消费者都能摇到金包，享受到各种各样的优惠，无疑需要极大的资金实力，所以只能和其他品牌商合作。而其他品牌商通过和加多宝合作，虽然给用户提供了一些优惠券，但更为重要的是，它通过加多宝获得了流量。所以，双方的合作是互惠互利的。

第二个原因是因为加多宝想通过各个领域的品牌合作商，打通与融入年轻一代的生活圈子，塑造自己在社交时代的品牌价值。当加多宝通过与衣食住行各个领域的品牌商合作后，就可以把自己的影响力带入到各个领域。

2015年4月30日,加多宝正式召开"2015金罐加多宝移动互联网+"A轮微信社区发布会。在这次发布会上,加多宝宣布滴滴打车、京东、韩都衣舍、一嗨租车四大品牌成为金罐加多宝首批"金彩生活圈"的战略合作品牌。此次活动截至5月9日,总共派出了超过300万的金包,其中包括京东、滴滴等合作伙伴多种形式的优惠券,以及近200件千足金宝宝,发出的奖品总价值近3000万元。

2015年5月10日,加多宝又召开了"2015金罐加多宝移动互联网+"B轮微信社区发布会。在这次发布会上,加多宝宣布百度外卖、当当网、本来生活、中英人寿、张小盒、微信电影票、民生银行成为第二批金罐加多宝"金彩生活圈"的战略合作品牌。

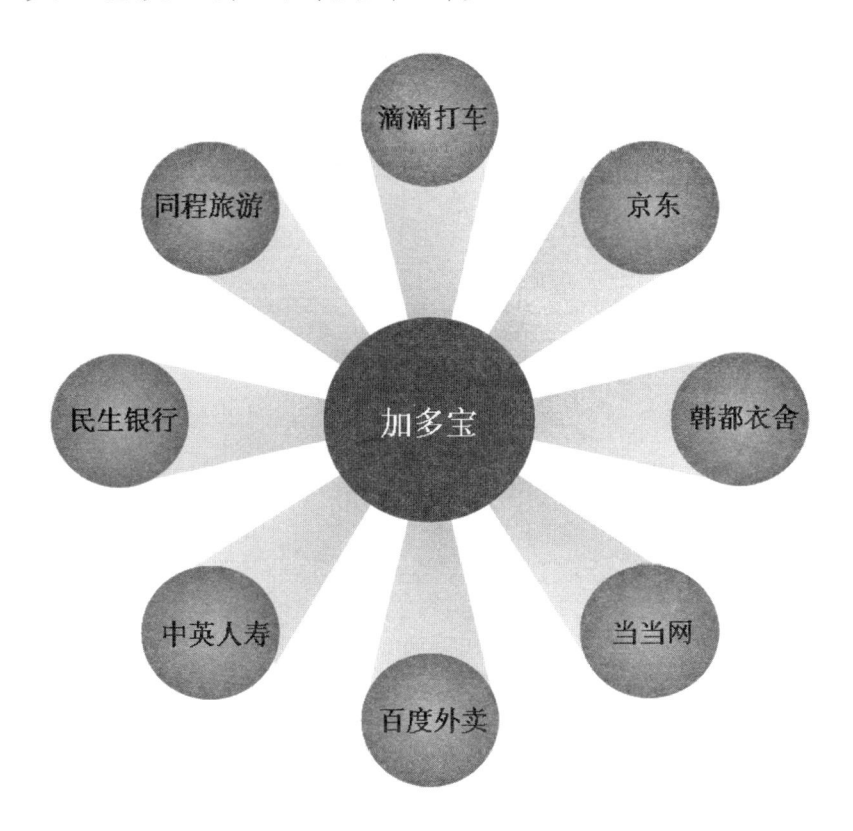

与此同时，加多宝还放出了一个重磅炸弹——"全球招商"计划，这个计划的具体内容是，向所有品牌商开放其数十亿金罐的用户流量资源。这一计划被外界称为加多宝淘金行动2.0版。

2015年7月17日，加多宝又召开了"2015金罐加多宝移动互联网+"C轮微信社区发布会。在这次发布会上，加多宝宣布海信电视、同程旅游成为第三批金罐加多宝"金彩生活圈"的战略合作品牌。

通过此次实施的互联网+营销整合战略，加多宝成功实现了自己的目标：涵盖衣食住行、玩乐文娱、线上线下，打造万能的金罐。而具体的营销成果，也充分证明了加多宝的互联网+战略的正确性。经过此次的"2015金罐加多宝移动互联网+"活动，加多宝成为了第一个开放60亿流量的快消产品，全面覆盖全国5、6级市场；从活动开始到10月初，已经有15家知名互联网品牌伙伴提供了价值5.6亿奖券；最高单日互动量近200万次，相当于12个滴滴普通广告位点击估值；在京东"饮料"类目中销量排名类目No.1，赶超可口可乐。

正如加多宝集团品牌管理部副总经理王月贵所说的："加多宝部署移动互联网+，开启淘金行动的主要目标只有一个，扎扎实实推进品牌战略升级，加速国际化布局，实现2.0版'凉茶中国梦'的历史使命，让中国传统的凉茶文化成为世界认识中国的'金名片'。"所以，我们有理由相信，凭着加多宝超前的战略眼光和营销魄力，它一定会借助互联网+的风口，从渗透式、互动式和分享式的视角入手，把凉茶推向国际市场，与国际饮料巨头展开正面竞争，并且立于不败之地。

附　录

互联网+时代必知的23个热词及释义

1.电子商务中心：以电子商务为发展主线，重点构建以B2B、B2C、O2O为核心的电子商务交易技术平台，重点引进电子商务、信息软件、设计研发等新兴产业企业，重点依托并持续优化电子商务产业链的电子商务发展集聚区。电子商务中心涉及网商、网货，包括品牌、设计、加工、融资、培训等诸多领域，入驻的企业涵盖电商平台运营、代理运营、平台服务、软件系统开发、数据分析、营销广告、渠道推广、专业咨询、网店摄影、人才培训等电子商务直接或相关环节。

2.微商：基于微信生态的社会化分销模式，是企业或者个人基于社会化媒体开店的新型电商，从模式上来说主要分为两种：基于微信公众号的微商成为B2C微商，基于朋友圈开店的成为C2C微商。微商和淘宝一样，有天猫平台（B2C微商）也有淘宝集市（C2C微商）。所不同的是微商基于微信"连接一切"的能力，实现商品的社交分享、熟人推荐与朋友圈展示。从微商的流程来说，微商主要由基础完善的交易平台、微盟旺铺、营销插件、分销体系以及个人端分享推广微客四个流程部分组成。

3.电商服务商：为电子商务企业提供外包服务，如营销、仓储物流、客服、全托付式的代运营服务等。从电商外包服务商尤其是代运营服务商的角度，目前电商平台、自建平台及其他第三方开放平台的运营等是其所涉及的主要服务内容。

4.微商城：基于微信而研发的一款社会化电子商务系统，同时又是一款传统互联网、移动互联网、微信、易信四网一体化的企业购物系统。消费者只要通过微信商城平台，就可以实现商品查询、选购、体验、互动、订购与支付的线上线下一体化服务模式。

5.网商：最初专指那些网络服务提供商（接入商、ISP、ICP、应用平台提供商等等）。现在指运用电子商务工具，在互联网上进行商业活动的个人，包括企业家、商人和个人店主。

6.话题营销：国外又叫付费评论，属于口碑营销的一种。话题营销主要是运用媒体的力量以及消费者的口碑，让广告主的产品或服务成为消费者谈论的话题，以达到营销的效果。

7.全渠道零售（Omni-Channel Retailing）：零售商将利用各种可能的营销渠道为顾客提供交易平台，不仅包括传统的实体商店，而且包括网店、手机和平板电脑等移动设备，以及社交网站、网络家电（行情专区）、呼叫中心等。

8.社会化媒体：基于用户社会关系的内容生产与交换平台。电子商务转向社会化媒体主要有三方面的表现：第一，社会化媒体平台上的主角是用户，而不是网站的运营者。第二，社会化媒体是内容生产与社交的结合。第三，电子商务在不断社会化的同时，也在不断媒体化，日益成为信息流动的渠道和平台，逐渐具有了信息整合的媒体属性。

9.微购物：腾讯电商O2O业务的另一个重要业务，目前也已经并入微信事业部。微购物最受关注的案例是与绫致时装集团的合作——由腾讯方面开发微信商城系统，绫致时装（包括VERO MODA、ONLY、杰克琼斯等品牌）提供商品支持和售后服务。

10.社会化电子商务：电子商务发展过程中新的衍生模式，是在社交网站快速崛起的环境下产生，主要借助微博、SNS等社交媒介，通过评论、互动等手段传播、推荐商品或服务，促成商品购买或销售。

11.众包：一个公司或机构把过去由员工执行的工作任务，以自由自愿的形式外包给非特定的（而且通常是大型的）大众网络的做法。

12.网货：以网络零售平台作为主营销渠道的时尚流行商品。

13.柔性化：供应链具有足够弹性，产能可根据市场需求快速做出反应："多款式的小批量"可以做，需要大批量翻单、补货也能快速做出来，而且无论大单、小单能做到品质统一可控，成本相差无几、及时交货。

14.移动电子商务：通过手机、PDA（个人数字助理）、掌上电脑、笔记本电脑等移动通讯设备与无线上网技术结合所构成的一个电子商务体系。相对于传统的电子商务而言，移动电子商务可以真正使任何人在任何时间、任何地点得到整个网络的信息和服务。

15.海淘：通过互联网检索海外商品信息，并通过电子订购单发出购物请求，然后填上私人信用卡号码，由海外购物网站通过国际快递发货，或是由转运公司代收货物再转寄回国。海淘，一般付款方式是款到发货（在线信用卡付款、PayPal账户付款）。

16.SaaS：Software-as-a-Service（软件即服务），一种基于互联网提供软件服务的应用模式。该模式为中小企业搭建信息化所需要的所有网络基础设施及软件、硬件运作平台，并提供一系列服务，能大幅度降低中小企业信息化的门槛与风险。

17.信息化：企业以业务流程的优化和重构为基础，在一定的深度和广度上利用计算机技术、网络技术和数据库技术，控制和集成化管理企业生产经营活动中的各种信息，实现企业内外部信息的共享和有效利用，以提高企业的经济效益和市场竞争力，这将涉及对企业管理理念的创新、管理流程的优化、管理团队的重组和管理手段的创新。

18.CRM系统：由客户信息管理（CIM）、营销管理（Marketing & Sales）、服务与技术支持管理（Service & Support）三部分组成，企业主要通过该系统来管理与客户之间的关系。

19.LBS：基于位置的服务，英文全称为Location Based Services，是指通过电信移动运营商的无线电通讯网络或外部定位方式，获取移动终端用户的位置信息，在GIS平台的支持下，为用户提供相应服务的一种增值业务。

20.UI（User's Interface）：用户界面，即用户和某些系统进行交互方法的集合，这些系统不单单指电脑程序，还包括某种特定的机器、设备、复杂的工具等。

21.UX（User experience design）：用户体验，即人与系统交互时的感觉。

22.自媒体：一个普通市民或机构组织能够在任何时间、任何地点，以任何方式访问网络，通过现代数字科技与全球知识体系相联，提供并分享他们的真实看法、自身新闻的一种途径和即时传播方式。当前,以微博为代表的自媒体,已成为网络传播最活跃的主体和新兴舆论场。

23.去中心化:用户生产内容,全体网民共同参与,权级平等的新型内容生产模式,被称之为Web2.0模式。